COLLECTION DES GUIDES JOANNE

VERSAILLES

ET

LES TRIANONS

HACHETTE & CIE

ESSENCE SPÉCIALE
Pour AUTOMOBILES
et AÉROPLANES
BENZO-MOTEUR
(Marque FENAILLE et DESPEAUX)

ESSENCE INFLAMMABLE
BENZO-MOTEUR
ESSENCE SPÉCIALE
POUR
MOTEURS

SAXOL-HUILE FD
pour graissage

❧ SUR ROUTE ❧

TOUT CE QU'IL FAUT VOIR

ATLAS-GUIDE DE POCHE

POUR

CYCLISTES — AUTOMOBILISTES
TOURISTES

ÉCHELLE : 1/1 000 000e. *Un centimètre par* 10 *kilomètres*

Prix : 3 fr. 50

Cᴇᴛ *Atlas-Guide* contient trente-six cartes imprimées en quatre couleurs et, au dos de ces cartes, la nomenclature de toutes les villes principales et de tous les centres d'excursion, ainsi que toutes les curiosités à visiter en France.

LIBRAIRIE HACHETTE ET Cie
79, Boulevard Saint-Germain, 79
PARIS

100 KILOMÈTRES — AUTOUR DE PARIS

CARTE ROUTIÈRE *28 Coupures*

DU MINISTÈRE DE L'INTÉRIEUR au 1/100.000ᵉ

à l'usage des

TOURISTES — AUTOMOBILISTES — CYCLISTES

Chaque volume comprend :

DEUX CARTES DES ENVIRONS IMMÉDIATS DE PARIS au 1/50.000

VINGT-HUIT CARTES DES ENVIRONS DE PARIS AU 1/100.000ᵉ

Chaque région, reliée toile, format de poche, 3 fr. 50

TABLEAU D'ASSEMBLAGE

San Sébastian

(ESPAGNE)
La plus belle plage du Monde

Climat incomparable toute l'année.
La mer et la montagne réunies.

11 heures de Paris (Quai d'Orsay).
20 minutes de la frontière française (Hendaye).

SAISON D'HIVER, Printemps. SAISON D'ÉTÉ, Automne.

Grands tirs aux pigeons (2 par an) avec 100 000 francs de prix. — Courses de taureaux, les meilleures en Espagne. — Grandes régates internationales, les plus importantes du littoral. — Concours hippique international avec des prix très importants. — Football. — Tennis. — Golf. — Pêche. — Tous les sports. — Centre d'excursions. — Pays splendide.

GRAND CASINO *Ouvert toute l'année.*

MÊMES ATTRACTIONS QUE SUR LA RIVIERA

Orchestre de 80 musiciens. — Deux concerts par jour. — Concerts classiques. — Concerts artistiques avec les plus grands artistes. — Festivals wagnériens. — Représentations théâtrales. — Grands bals cotillons. — Fêtes de nuit. — Restaurant de tout premier ordre à prix fixe et à la carte. — **OUVERT TOUTE L'ANNÉE.**

VERSAILLES

LE CHÂTEAU — LE PARC — LES TRIANONS
LA VILLE

par M. PAUL GRUYER

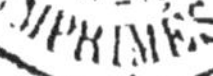

LOUIS XIV.

15 CARTES ET PLANS, 47 GRAVURES

LIBRAIRIE HACHETTE ET Cᵉ

79, Bᵈ SAINT-GERMAIN, PARIS

1911

Cl. Schelcher et Decugis.

Versailles vu à vol d'oiseau.

VERSAILLES

LE CHÂTEAU, LE PARC
LES TRIANONS, LA VILLE

COMMUNICATIONS AVEC PARIS

On se rend de Paris à Versailles : soit par le ch. de fer (gares Saint-Lazare, Montparnasse ou Invalides); soit par le tram, qui part du quai du Louvre; soit par la route.

1° *En chemin de fer* : — *A.* De Paris-Saint-Lazare à Versailles Rive-Droite : 23 k. en 55 min. par trains omn., en 35 min. par trains directs : 1 fr. 50 et 1 fr. 15 ; pas de différence de prix pour les billets d'all. et ret.; 1 à 2 trains par heure. — Les gares du ch. de fer de Ceinture délivrent des billets directs pour Versailles Rive-droite, avec corresp. à Saint-Lazare. — Quelques trains (peu nombreux) sont acheminés sur la gare de **Versailles-Chantiers** (1 fr. 80 et 1 fr. 20) affectée surtout au service des grandes lignes de Bretagne.

B. — **De Paris-Montparnasse à Versailles Rive-Gauche** : 18 k. en 30 à 35 min. env. : 1 fr. 35 et 90 c.; pas de différence de prix pour les billets d'all. et ret.; 1 à 2 trains par heure. — Les gares du ch. de fer de Ceinture délivrent des billets directs pour Versailles Rive-gauche, avec corresp. à *Ouest-Ceinture*. — Quelques trains sont acheminés sur la gare de **Versailles-Chantiers** (1 fr. 90 et 1 fr. 30), desservie en outre par les grandes lignes de Bretagne.

C. — **De Paris-Invalides à Versailles Rive-Gauche** (traction électrique) : 18 k. en 25 à 35 min. env. : 1 fr. 35 et 90 c.: pas de différence de prix pour les billets d'all. et ret.; 1 à 2 trains par heure.

2° *Par le tram* : — De Paris-Louvre à Versailles Place-d'Armes (Château); traction mécanique dans Paris, électrique au delà : 19 k. en 1 h. ¼ : 95 c. et 65 c. — Le tram part, toutes les 12 ou 20 min., du *quai du Louvre* (entre le Pont-Neuf et le Pont-des-Arts). Il suit la rive droite de la Seine (*arrêts* : Place du Carrousel, Pont-Royal, Pont-de-Solférino, Place Concorde, Pont-Alexandre-III, Pont-des-Invalides, Place de l'Alma, Quai de Billy, Pont-d'Iéna, Quai de Passy, Passerelle-de-Passy, Pont-de-Grenelle, Pont-Mirabeau), s'en écarte à l'avenue de Versailles (*arrêts* : Avenue de Versailles, 123, Point-du-Jour [bateaux parisiens et ch. de fer de Ceinture]), et sort de Paris par la Porte de Saint-Cloud. Il suit ensuite la route de Versailles, par Boulogne, Sèvres

(au Pont-de-Sèvres, *station des bateaux parisiens Paris-Suresnes*), Chaville et Viroflay.

3° Par la route : — *A*. La route de Paris-Versailles, la plus courte
et celle que suit le tram (*V*. ci-dessus), sort de Paris par la *Porte de
Saint-Cloud*, au delà de la station de Ceinture du Point-du-Jour : 11 k. 1/2
de la Porte de Saint-Cloud à Versailles Place-d'Armes (Château), par
le pont de Sèvres. Sèvres. Chaville, Viroflay et l'Avenue de Paris (y
remarquer les nᵒˢ 59-61, 53, 41 bis et 3 : *V*. p. 103). Cette route est *pavée*
en partie, mais *à peu près plate*, sauf la montée de Sèvres.
B. — Deux autres itinéraires sont à la fois plus agréables (sans pavé)
et plus pittoresques : mais l'un et l'autre avec fortes montées. — 1° De
la *Porte de Saint-Cloud* (*V*. ci-dessus), on prend à dr. la route de Saint-
Cloud, Pont de Saint-Cloud, longue et dure *montée* à Saint-Cloud et à
Montretout (bifurc. à g., au Rond-Point de Montretout), Parc de Saint-
Cloud, Ville-d'Avray, Grille de Picardie (octroi de Versailles), *descente*,
Avenue de Saint-Cloud et Versailles Place-d'Armes (Château) : 12 k. 1/2
de la Porte de Saint-Cloud.--*N. B*. On peut également gagner le Pont de
Saint-Cloud par le Bois de Boulogne (*Porte Dauphine* ou *Porte de Passy*),
les lacs et Boulogne.
2° De la *Place de l'Étoile*, à Paris, on prend l'Avenue de la Grande-
Armée, on sort par la *Porte de Neuilly*, on traverse le Bois de Bou-
logne et on gagne le Pont de Suresnes. Longue *montée* au Mont-Valé-
rien et à Montretout, puis Bois de Saint-Cloud, Ville-d'Avray, Grille de
Picardie (octroi de Versailles), *descente*, Avenue de Saint-Cloud et
Versailles Place-d'Armes (Château) : 11 k. 1/2 de la Porte de Neuilly.

Pour l'**Itinéraire dans Versailles**, *V*. p. 11 pour l'arrivée en ch. de
fer, en tram ou par la route.

Excursions Cook. — L'*Agence Cook* (place de l'Opéra, 1) organise
pendant la belle saison (mai à octobre) des excursions de Paris à
Versailles, tous les j. sauf le lundi : 1° En *grands automobiles* (départ
à 10 h. 1/4 mat.; retour vers 6 h. s.); trajet par le bois de Boulogne.
Suresnes. Saint-Cloud, Ville-d'Avray, Versailles (visite du Palais et du
Parc; déjeuner); retour par Trianon, *La Malmaison* (château) et Rueil.
Prix : 12 fr. 50 par pers.; déjeuner non compris. — 3° En *petits automobiles* (service accéléré; départ à 11 h. mat.; retour vers 6 h. s.);
même trajet que ci-dessus jusqu'à Versailles; retour par Trianon, *Saint-
Germain* (château), la *Malmaison* et Rueil. Prix : 17 fr. 50 par pers.:
déjeuner non compris. — Pour ces diverses excursions, les places doivent
être *retenues d'avance*.

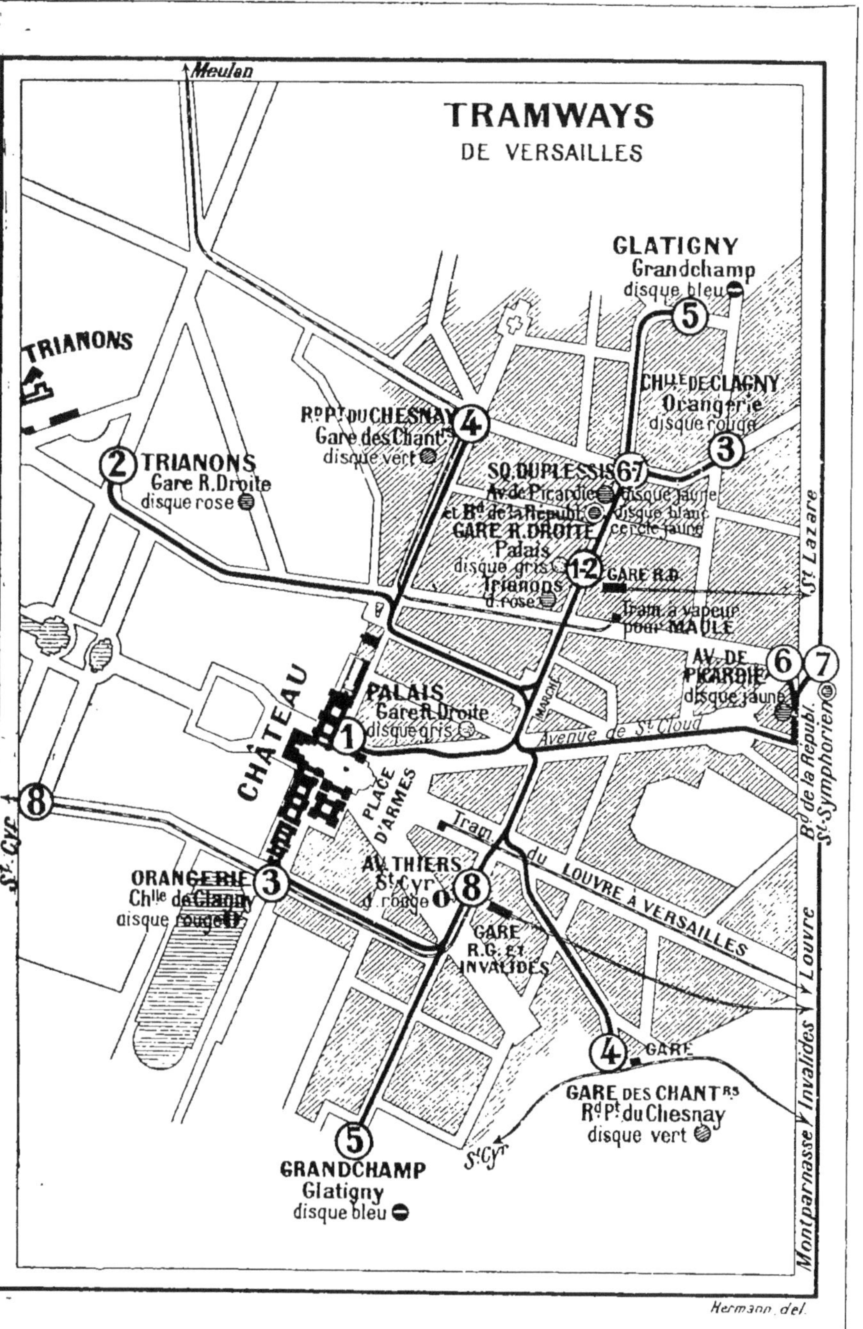
Meulen
TRAMWAYS
DE VERSAILLES
GLATIGNY
Grandchamp
disque bleu
5
TRIANONS
Ch.lle DE CLAGNY
Orangerie
disque rouge
3
R.d P.t DU CHESNAY
Gare des Chant.rs
disque vert
4
2 TRIANONS
Gare R. Droite
disque rose
SQ. DUPLESSIS 67
Av. de Picardie
disque jaune
et B.d de la Republ.
disque blanc
cercle jaune
GARE R. DROITE
Palais
disque gris
Trianons
d. rose
1-2 GARE R.D
Tram a vapeur
pour MAULE
AV. DE
PICARDIE
disque jaune
6 7
PALAIS
Gare R. Droite
disque gris
1
Avenue de St Cloud
CHÂTEAU
PLACE
D'ARMES
8
Tram du LOUVRE A VERSAILLES
ORANGERIE
Ch.lle de Clagny
disque rouge
3
AV. THIERS
St Cyr
d. rouge
8
GARE
R.G. et
INVALIDES
4 GARE
GARE DES CHANT.RS
R.d P.t du Chesnay
disque vert
St Cyr
5
GRANDCHAMP
Glatigny
disque bleu
St Cyr
Montparnasse V Invalides V Louvre
B.d de la Republ.
St-Symphorien
St Lazare
Hermann del.

RENSEIGNEMENTS PRATIQUES

N.-B. Le signe * après un nom d'hôtel indique un établissement dit de 1ᵉʳ ordre, pour le confortable et pour les prix.

Hôtels et Restaurants : — SUR LA ROUTE DE TRIANON : — *Trianon-Palace* * (hôtel de grand luxe), bd de la Reine.

ENTRE LA GARE RIVE-DROITE ET LE CHATEAU : — *Hôtel des Réservoirs* * (petit déj. 1 fr. 50 et 2 fr. ; déj. 4 fr., vin non compris ; dîn. 5 fr., id. ; les voyageurs de passage ne mangent qu'à la carte ; ch. 5 fr. à 25 fr. ; pens. dep. 16 fr. par j.. sans vin ; appart. meublés ; ascens. ; téléph. ; électricité ; porte sur le parc), r. des Réservoirs, 9 et 11 ; — *Hôtel Vatel* * (déj. 4 fr., dîn. 5 fr.), r. des Réservoirs, 38 ; — *Hôtel Suisse* * (déj. 3 fr., dîn. 3 fr. 50, vin non compris ; ch. 3 fr. 50 à 6 fr. ; pens. de 9 à 12 fr. ; ascens. ; téléph. : électricité), r. Pétigny, 3 ; — *Restaurant Hoche* (déj. ou dîn. 2 fr. 50 à 4 fr.), pl. Hoche ; — *Restaurant du Chapeau-Gris* (déj. ou dîn. 2 fr. et 2 fr. 50). r. Hoche. 7.

SUR LA PLACE D'ARMES : — Du côté droit, en regardant le Château : — *Hôtel de France* * (déj. 3 fr.. dîn. 3 fr. 50), r. Colbert. 5 ; — plusieurs *Restaurants* (*de Londres, de la Place d'Armes, de Cancale*, etc.), déj. ou dîn. de 2 fr. à 4 fr. ; — *Brasserie Muller* (repas à la carte). av. de Saint-Cloud. 23 (angle de la r. Carnot).

Du côté g., en regardant le Château : — *Hôtel de la Chasse* * (petit déj. 75 c. ; déj. 3 fr. ; dîn. 3 fr. 50 ; service à la carte ; ch. de 3 fr. à 8 fr. ; pension dep. 8 fr.), r. de la Chancellerie. 6 ; — *Hôtel-restaurant des Variétés* (déj. ou dîn. 2 fr.. 2 fr. 50 et 3 fr.). r. de la Chancellerie, 8 ; — *Hôtel-restaurant de la Chancellerie* (2ᵉ ordre ; déj. ou dîn. 1 fr. 50, 2 fr. et 2 fr. 50), r. de la Chancellerie, 16.

A LA GARE RIVE-DROITE : — *Restaurant du Lion d'Or* (déj. 2 fr. 25, dîn. 2 fr. 50). dans la cour de la gare ; — *Café-restaurant* (déj. ou dîn. à 3 fr. et 4 fr.), r. Duplessis, en face de la gare ; — *Hôtel du Sabot-d'Or* (déj. 2 fr. et 2 fr. 50, dîn. 2 fr. 50 et 3 fr.), r. Duplessis, 23 (près du Marché) ; — *Hôtel-restaurant du Cheval-Rouge* (petit déj. 25 c., déj. 2 fr. 50, dîn. 3 fr., ch. 7 à 5 fr.), r. André-Chénier, 18 (derrière le Marché) ; — *Restaurant du Chien qui Fume* (à la carte), r. André-Chénier, 8 (derrière le Marché). — Petits *restaurants* (2ᵉ ordre) à 1 fr. 60, 1 fr. 75 et 2 fr. déj. ou dîn., r. Duplessis, entre la Gare et le Marché.

ENTRE LA GARE RIVE-GAUCHE ET LA GARE DES CHANTIERS : — *Hôtel de Noailles* * (déj. 3 fr., dîn. 3 fr. 50, ch. dep. 3 fr. ; pens. de 8 à 11 fr. ; ascens. ; chauff. central), r. de Noailles, 18-20.

DANS LE PARC : — *Restaurant du Grand Canal* (déj. ou dîn. 3 fr.), à l'entrée du Grand-Canal, près du ponton des canots.

Trams électriques (prix : 15 c. ; avec corresp. : 20 c. ; le soir [après 9 ou 10 h.. selon saison] : 30 c. ; les noms en italiques indiquent les points où ont lieu les correspondances). — V. la carte p. 5.

Ligne 1 (*disque gris*). — **De la Gare Rive Droite au Palais**, par la r. Duplessis. *Marché*, av. de Saint-Cloud, r. Colbert.

Ligne 2 (*disque rose*). — **De la Gare Rive-Droite à Trianon**, par la r. Duplessis. le *Marché*, r. de la *Paroisse*, *r. des Réservoirs*, bd de la Reine. av. de Trianon. — Dernier départ de Trianon à 7 h. 20 s. — Service du soir, certains jours de fête.

Ligne 3 (*disque rouge, barre blanche*). — **De Clagny à l'Orangerie,** par l'av. de Villeneuve-l'Etang, *r. Duplessis, Marché, av. de Saint-Cloud,* r. Saint-Pierre, *av. de Paris,* av. Thiers, *r. Royale,* r. de l'Orangerie.

Ligne 4 (*disque vert*). — **Du Rond-Point du Chesnay à la gare des Chantiers,** par le bd du Roi, *r. des Réservoirs,* r. de la Paroisse, *Marché,* r. Duplessis, *av. de Saint-Cloud,* r. Saint-Pierre, pl. des Tribunaux, *av. de Paris.* r. des Chantiers, gare des Chantiers.

Ligne 5 (*disque bleu, barre blanche*). — **De Glatigny à Grand-Champ,** par la r. de Béthune, r. Duplessis, *Marché, av. de Saint-Cloud,* r. Saint, Pierre, pl. des Tribunaux, *av. de Paris,* av. Thiers, av. de Sceaux, *r. Royale,* ex-couvent de Grand-Champ.

Ligne 6 (*disque jaune*). — **Du square Duplessis à l'avenue de Picardie,** par le *Marché,* r. Duplessis, *av. de Saint-Cloud,* r. de Montreuil, bd de Lesseps, bd de la République, av. de Picardie.

Ligne 7 (*disque blanc, cercle jaune*). — **Du square Duplessis au boulevard de la République** (*Saint-Symphorien et Viroflay*), même itinéraire que ci-dessus et bifurc. au bd de la République.

Hors la ville : — *Ligne 8* (*disque rouge et blanc*). — **De Versailles,** avenue Thiers (en face de la gare Rive-Gauche), **à Saint-Cyr** (Ecole militaire) : 1re cl., 35 c.; 2e cl., 25 c.; 5 k.; départ toutes les demi-heures. — Le tramway suit la r. Royale, la r. de l'Orangerie, passe entre la pièce d'eau des Suisses (à g.) et l'Orangerie (à dr.), côtoie la route de Chartres, longeant à dr. le parc de Versailles, croise l'allée des Matelots, laisse à g. la Faisanderie, le Polygone du génie et la gare des Matelots, à dr. la Ménagerie, croise le ch. de fer de Grande-Ceinture, près de la station de Saint-Cyr, et s'arrête à l'Ecole militaire.

Tram de Versailles à Paris, *V.* p. 3.

Tram à vapeur de Versailles à Meulan. — Départ du bd de la Reine (près la gare Rive-Droite); trajet par Rocquencourt, Forêt de Marly, Saint-Nom-la-Bretèche, Maule et les Mureaux; en 1 h. 1/2 env. : 4 fr. 20 et 3 fr. 15.

Omnibus : — Un omnibus fait, à un certain nombre de trains de la Rive-Droite, le service de la gare au Château : 30 c.

Voitures de place : — tarif officiel dans *Versailles* (y compris *le Château, les 2 Trianons, l'entrée du Grand-Canal, la pièce d'eau des Suisses, la Porte Saint-Antoine, Glatigny, la Butte de Picardie et le rond-point de Viroflay*) : la *course* 1 fr. 25, 1 chev.; 1 fr. 50, 2 chev.; après minuit, 2 fr. et 2 fr. 50. — L'*heure* : 2 fr., 1 chev.; 2 fr. 50, 2 chev.; les dim. et fêtes, du 1er mai au 31 oct., 3 fr. et 3 fr. 50. — *Bagages* : 25 c. par colis. — *En dehors des barrières* : l'heure, 2 fr. 50, 1 chev.; 3 fr., 2 chev.; dim. et fêtes, 1er mai à 31 oct., 3 fr. et 3 fr. 50. Si le voyageur quitte la voit., *indemnité de retour* équivalente au temps de l'aller; marche légale, 8 k. à l'h.; pour les trajets de nuit, hors la ville, on traite de gré à gré. Les cochers ne sont pas tenus de sortir de la ville les jours de Grandes-Eaux. — *N.-B.* Tous les cochers sont tenus de remettre au voyageur, en cas de contestation, un exemplaire du tarif ci-dessus, dont ils sont porteurs.

Stations de voitures : — aux *gares Rive-Droite, Rive-Gauche* et *Chantiers;* — bd *de la Reine* (angle de la r. Duplessis et de la r. des Réservoirs); — *av. de Saint-Cloud;* — *av. de Sceaux;* — *carrefour de Montreuil.*

Autos-taxis : — dans *Versailles* (même périmètre que ci-dessus pour les voit.) : la *prise en charge et trajet de 2 k.* au compteur, ou *attente de 16 minutes*, 1 fr. 50; par *500 m.* en sus, ou par *4 min.*, 20 c. Augmentation les dim. et fêtes, du 1er mai au 31 oct., de 1/4 ou 25 0/0; même augmentation de minuit à 6 h. mat. — *Hors la ville* : les taxis sont tenus de desservir les divers pays à 20 k. de Versailles; augmentation sur le tarif de ville de 1/4 ou 25 0/0; même augmentation en sus pour les dim. et jours de fête, du 1er mai au 31 oct., ou de minuit à 6 h. mat. Les chauffeurs ne sont pas tenus de sortir de la ville les jours de Grandes-Eaux, ou après 7 h. 1/2 ou 9 h. 1/2, selon saison. Si le voyageur quitte l'auto hors la ville, *indemnité de retour* selon kilomètres parcourus. — *N.-B.* Tous les chauffeurs sont porteurs d'un tarif détaillé, qu'ils sont tenus de remettre à toute réclamation.

Poste, télégraphe et téléphone : — *Bureau principal*, r. Saint-Julien (quartier du Vieux-Versailles, près le Château). — *Autres bureaux* : r. Duplessis (en face de la gare Rive-Droite); r. de Jouvencel (Préfecture); av. de Saint-Cloud, 40. — De 7 h. mat. (été) ou de 8 h. mat. (hiver) à 9 h. s.; jusqu'à minuit, le *télégraphe*.

Château, Parc et Trianon. — *V.* pour le *Château*, p. 19; pour le *Parc*, p. 63 ; pour les *Trianons*, p. 83 et 91.

Guides : — ils se trouvent aux abords du Château et font offre de service; ils sont étrangers à l'Administration du Château. Si on les emploie, *faire prix d'avance avec eux*, sur la base de 1 fr. l'heure. Leur emploi est inutile en suivant nos indications et nos itinéraires.

Bateaux : — sur le Grand Canal, *V.* p. 75.

Grandes Eaux : — t. les premiers dimanches des mois d'été, de mai à septembre inclus, de 4 h. 1/2 à 5 h. 1/2, plus certains jours supplémentaires qu'indiquent des affiches apposées à Paris, notamment aux gares Saint-Lazare, Montparnasse et Invalides. Pour leur itinéraire, *V.* p. 80. — *Grandes-Eaux de Trianon*, les 3e dimanches des mois d'été.

Musique militaire : — dans le parc, en été, mardi, jeudi et dimanche, de 3 h. à 4 h. 1/2.

Bibliothèque publique : — r. Gambetta, 5; t. l. j. de midi à 5 h., le dimanche jusqu'à 4 h.; fermée du 15 août au 1er octobre.

Théâtres : — *Grand-Théâtre*, r. des Réservoirs; — *Théâtre des Variétés*, r. de la Chancellerie, 10.

Conservatoire : — r. Sainte-Adélaïde, 7.

Librairies : — *Bernard* (Guides-Joanne; livres et gravures sur Versailles), r. Hoche, 17; — *Nicolas* (idem), r. de la Paroisse, 46.

Société des Amis de Versailles : — à Paris, r. de Rivoli, 107 (Pavillon de Marsan). — Délégué à Versailles, *Bernard*, r. Hoche, 17. — Cotisation annuelle : 20 fr.

Syndicat d'initiative de tourisme : — bureau de renseignements à la librairie Bernard, r. Hoche, 17.

Tir : — au *Stand* (près la pièce d'eau des Suisses) : 25 c. par pers.

Cultes : — *catholique* : églises Saint-Louis (cathédrale), Notre-Dame, etc. ; — *anglican* : église au coin de la r. Carnot et de la r. du Peintre-Lebrun ; — *protestant* : temple r. Hoche, 3; — *israélite* : synagogue r. Albert-Joly, 10.

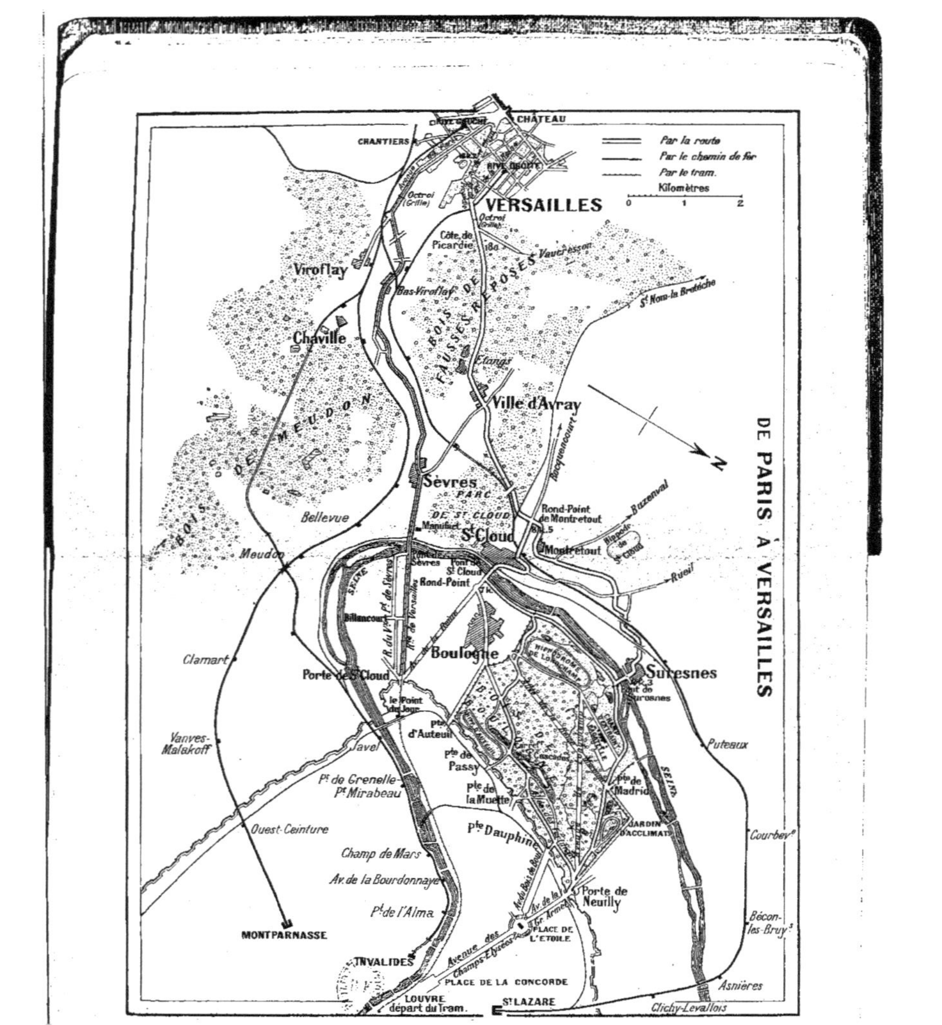

DE PARIS À VERSAILLES
Par la route
Par le chemin de fer
Par le tram.
Kilomètres
0 1 2
N
CHÂTEAU
RIVE GAUCHE
CHANTIERS
RIVE DROITE
Octroi (Grille)
VERSAILLES
Octroi (Grille)
Côte de Picardie
Vaucresson
Viroflay
Bas-Viroflay
BOIS DE FAUSSES REPOSES
St Nom-la-Bretèche
Chaville
Étangs
BOIS DE MEUDON
Ville d'Avray
Marnes
Moyennecourt
Sèvres
PARC DE St CLOUD
Manufact
Bellevue
Rond-Point de Montretout
Buzenval
Hippod. de St Cloud
Meudon
St Cloud
Montretout
Pont de Sèvres
Pont de St Cloud
Rond-Point
Rueil
SEINE
Billancourt
Pt de Versailles
R. du V. Pt de Versailles
Clamart
Boulogne
Suresnes
Porte de St Cloud
Pt de Suresnes
le Point du Jour
BOIS DE BOULOGNE
Vanves-Malakoff
Pte d'Auteuil
Javel
Puteaux
Pte de Passy
SEINE
Pte de Grenelle-Pt Mirabeau
Pte de la Muette
Pte de Madrid
Ouest-Ceinture
Pte Dauphine
JARDIN D'ACCLIMAT
Courbev
Champ de Mars
Av. de la Bourdonnaye
Pt de l'Alma
Porte de Neuilly
PLACE DE L'ÉTOILE
Av. de la Gr Armée
Avenue des Champs-Élysées
Bécon-les-Bruy
MONTPARNASSE
INVALIDES
LOUVRE départ du Tram
PLACE DE LA CONCORDE
St LAZARE
Asnières
Clichy-Levallois

Cl. P. Gruyer.

Place d'Armes et Petites-Écuries.

Aspect d'ensemble.

VERSAILLES, V. de 54,982 hab., résidence de la cour de France jusqu'à la Révolution, ch.-l. du départ. de Seine-et-Oise, siège d'un évêché et importante ville de garnison, a conservé, en dépit du flot de la vie moderne, son ancien et magnifique aspect de ville royale. Née autour du palais de Louis XIV, incessamment développée sous le règne du Grand Roi et sous ceux de ses successeurs, elle fait converger vers le Château ses vastes et grandioses avenues, pleines d'air et de lumière, ombragées d'ormes séculaires. Ses rues sont droites, propres et blanches, entremêlées de jardins; de nombreuses et belles demeures du passé s'y rencontrent. Quoiqu'il ait subi, depuis une vingtaine d'années, bien des transformations, Versailles, dans le mouvement même qui l'anime, demeure calme et reposant.

Le Château, œuvre formidable et unique en France, est comme la synthèse de l'art de Louis XIV. Il se double de son Parc, chef-d'œuvre de Le Nôtre, et de ses deux gracieuses dépendances qui sont le Grand et le Petit Trianon, ce dernier créé par Louis XV, mais plein surtout des souvenirs de Marie-Antoinette, femme de Louis XVI.

La ville, située sur un plateau et entourée d'une ligne de bois et de forêts, jouit d'un climat particulièrement sain. L'air y est vif, même pendant les plus fortes chaleurs de l'été. C'est un lieu de villégiature et de séjour des plus agréables.

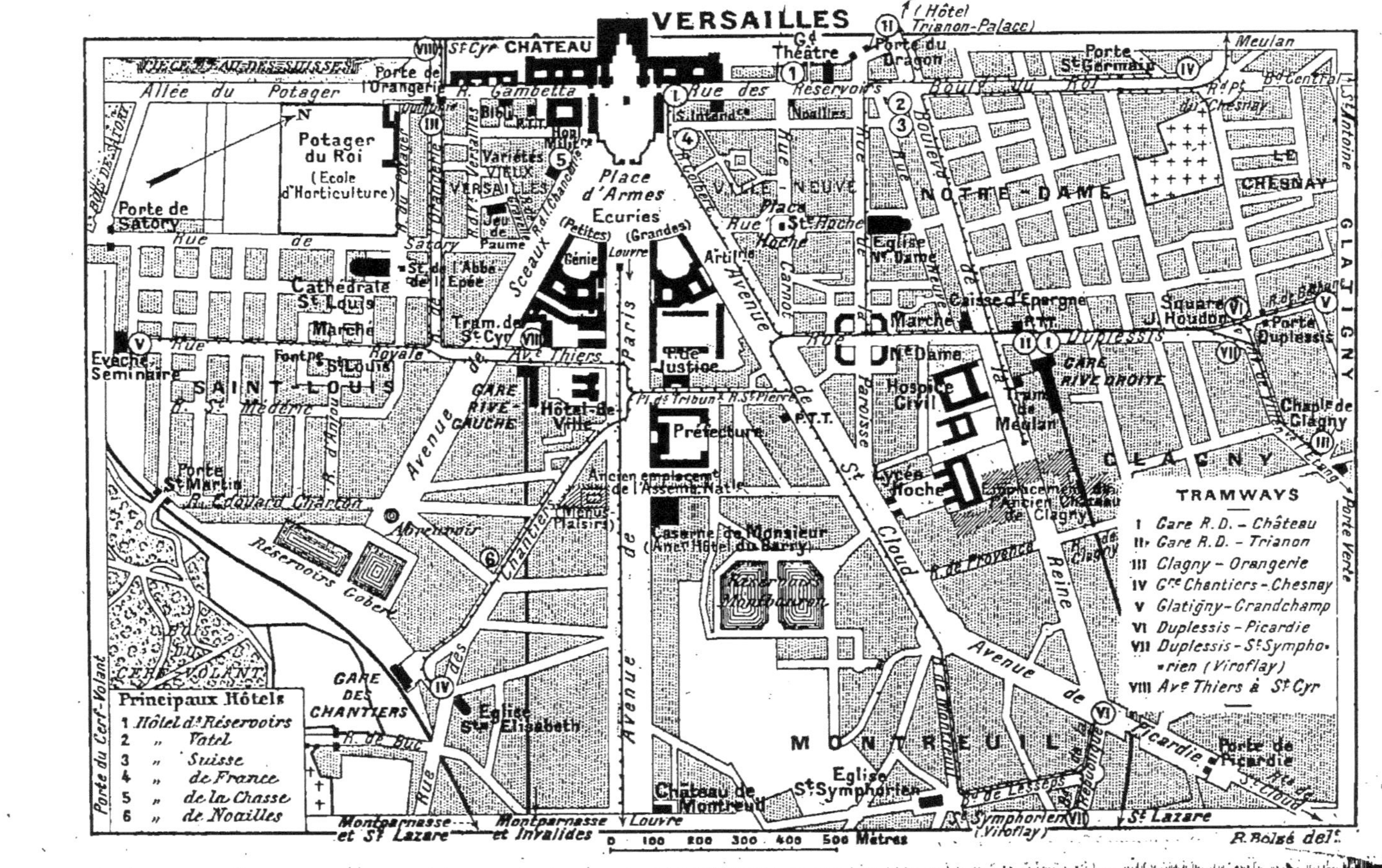

VERSAILLES
1 (Hôtel Trianon-Palace)
Gd Théâtre
Porte du Dragon
StCyr CHATEAU
Porte de l'Orangerie
Allée du Potager
Porte St Germain
Porte du Chesnay
Bd Central
Meulan
I StAntoine
N
Potager du Roi
(Ecole d'Horticulture)
R. Gambetta
Rue des Reservoirs
Boult du Roi
Bois de Satory
Porte de Satory
Bijou
R.T.T.
Rue des Réservoirs
Noailles
Rue de Noailles
VILLE-NEUVE
NOTRE-DAME
LE CHESNAY
Hor. Miller
Variétés
VIEUX VERSAILLES
Place d'Armes
Ecuries
(Petites) (Grandes)
Place St Roche
Rue Hoche
Rue Carnot
Eglise Nre Dame
Rue de Satory
Rue de Paume
Jeu de Paume
R. Chancery
Sceaux
Génie
Louvre
Artillie
Avenue
Caisse d'Epargne
Square J. Houdon
Porte Duplessis
Cathédrale St Louis
Rue de
St de l'Abbé de l'Epée
Tram. de St Cyr VIII
Marché
R.T.T.
Marché
GARE RIVE DROITE
Chaple de Clagny
Evêché Séminaire
Rue
Fonre St Louis
Royale
Ave Thiers
Rue de Justice
Nre Dame
Tram. de Meulan
SAINT-LOUIS
Médéric
Avenue Thiers
GARE RIVE GAUCHE
Hôtel-de-Ville
Pl. des Tribun. R. St Pierre
Préfecture
P.T.T.
Paroisse
Hospice Civil
Lycée Hoche
GLAGNY
Etang
Porte St Martin
R. Edouard Charton
Ancien emplacement de l'Assem. Nat le
(Menus-Plaisirs)
Caserne de Monsieur
(Anc. Hôtel du Barry)
Emplacement de l'Ancien Château de Clagny
TRAMWAYS
I   Gare R.D. – Château
II Gare R.D. – Trianon
III Clagny – Orangerie
IV Gre Chantiers – Chesnay
V   Glatigny – Grandchamp
VI Duplessis – Picardie
VII Duplessis – St Sympho-
    rien (Viroflay)
VIII Ave Thiers à St Cyr
Abreuvoir
Réservoirs Gobert
Réservoirs Montbauron
R. de Provence
Avenue de St Cloud
Avenue de la Reine
Porte Verte
Porte de Picardie
Ave de St Cloud
CERF-VOLANT
GARE DES CHANTIERS
Porte du Cerf-Volant
Principaux Hôtels
1 Hôtel dr Réservoirs
2   „   Vatel
3   „   Suisse
4   „   de France
5   „   de la Chasse
6   „   de Noailles
R. de Buc
Eglise Ste Elisabeth
Avenue
de St Cloud
MONTREUIL
Château de Montreuil
Eglise St Symphorien
R. de Lessops
St Symphorien VII
(Viroflay)
St Lazare
Montparnasse et St Lazare
Montparnasse et Invalides
Louvre
0 100 200 300 400 500 Mètres
R. Boisé delt.

Emploi du temps.

Il faut un minimum de **deux journées** pour visiter Versailles en détail et suivre à loisir nos itinéraires successifs du Château, du Parc, des Trianons et de la Ville.

Si l'on ne dispose que d'**un jour**, arriver de préférence le matin, avant déjeuner, et se faire conduire directement à la Place d'Armes et au *Château*; y suivre les *Itinéraires I* et *II* (p. 19 et 47), en les sectionnant au besoin en deux parties par le déjeuner. Puis visiter le *Parc* (p. 63), le *Grand Trianon* (p. 83) et le *Petit Trianon* (p. 91).

Recommandations importantes : — *Ne pas venir un lundi*, où une grande partie du Château est fermée. — *Eviter le dimanche*, où l'affluence est considérable ; sauf, bien entendu, si l'on veut assister à l'admirable spectacle des *Grandes Eaux* (p. 80).

Direction générale.

On arrive à Versailles par le ch. de fer, le tram de Paris ou la route.

Du chemin de fer : — A. La GARE SAINT-LAZARE RIVE-DROITE dépose les voyageurs *rue Duplessis*. Le tram électrique, *disque gris*, conduit au Château : 15 c. ; le tram, *disque rose*, aux Trianons. — Les mêmes trajets en voit. de place : 1 fr. 25 (1 fr. 50, 2 chev.), en auto-taxi (*V.* tarif p. 7). — *A pied*, on suit vers la g. la rue Duplessis, en coupant le *boulevard de la Reine* (p. 105; à l'angle, *Caisse d'Epargne*) et en laissant à dr., à la *Place du Marché*, la *rue de la Paroisse* (p. 104), jusqu'à l'*avenue de Saint-Cloud*. Celle-ci, à dr., amène au Château (15 min. env.). — Si l'on va aux Trianons, on suit pendant cent m. env. la rue Duplessis, à g., jusqu'au *boulevard de la Reine* (à dr.) qui conduit directement au Grand et au Petit Trianon (1/2 h. env.; *V.* le plan).

B. — Les GARES MONTPARNASSE ou INVALIDES (RIVE-GAUCHE) aboutissent à l'*avenue Thiers* et, soit par l'*avenue de Paris* (à dr.), soit par l'*avenue de Sceaux* (à g.), on arrive en 5 min. au Château.

C. — La GARE DES CHANTIERS est la plus éloignée du centre de la ville. On prend le tram électrique, *disque vert* (descendre *avenue de Paris* pour le Château; corresp. à la *place du Marché* avec le *disque rose*, pour les Trianons). — *A pied*, suivre la *rue des Chantiers* et l'*avenue de Paris*.

Par le tram de Paris ou la route. — Le tram et les 2 routes de Paris (*avenue de Paris* et *avenue de Saint-Cloud*) amènent pareillement à la Place d'Armes, en face du Château.

Histoire de la Ville et du Château.

Origines. Versailles sous Louis XIII. — Versailles n'était, il y a trois siècles, qu'un humble village, avec un vieux château féodal sur une petite butte, au milieu d'un pays de cultures, de forêts, d'étangs et de marécages. Le 24 août 1607, le jeune Dauphin **Louis XIII**, âgé de six ans, y vint de Saint-Germain, en carrosse, faire sa première chasse.

En 1624, devenu roi, Louis XIII, dont la chasse demeure la passion préférée, achète du terrain sur le sommet de la butte, et se fait bâtir un pied-à-terre, où il puisse coucher lorsqu'il vient dans des bois avoisinants, courre le cerf ou le renard. Ce fut un petit logis très simple, en pierre et briques, sans ornements, dans le style des maisons de la Place des Vosges, à Paris. Du côté de la campagne, où est le parc actuel, alors vallon plein de bois-taillis et de ruisseaux, un rez-de-chaussée à huit fenêtres, avec porte centrale; au premier, neuf fenêtres; au second, des lucarnes sous les toits. Du côté de l'arrivée, deux ailes s'avancent en équerre du bâtiment central et enclosent une petite cour intérieure, fermée par un portique à arcades.

Bientôt Louis XIII prend goût à cette calme retraite, qui convenait à son humeur mélancolique, et il vient de plus en plus souvent, en compagnie même de quelques invités, s'y détendre de la majesté royale. Le 10 novembre 1630, il y reçoit en secret Richelieu, alors battu en brèche par les cabales de la Cour, qui se croient triomphantes; le roi, contrairement à toute attente, remet définitivement entre ses mains le pouvoir politique et expédie un ordre d'arrestation de ses ennemis. Ce fut la première journée politique de Versailles, connue sous le nom de *Journée des Dupes*.

Lorsque Louis XIII mourut, il avait agrandi son domaine, acheté et fait abattre le vieux château féodal, tracé des parterres, des quinconces et quelques allées empierrées. Mais la maison était demeurée en l'état. Rien n'en reste aujourd'hui que des pans de murs au ras du sol, quelques fondations et, peut-être, un escalier à vis intérieur, encastré dans une muraille. Mais c'est de ce petit « château de cartes », comme l'appellera Saint-Simon, transformé et reconstruit sur place par Louis XIV, c'est autour de sa courette rectangulaire, destinée à devenir la Cour de Marbre, que naîtra et évoluera tout le Versailles futur.

Le premier Versailles de Louis XIV. — C'est en chassant aussi que Louis XIV était venu à Versailles, pour la première fois, à treize ans, le 18 avril 1651. En 1669, quatre mois après son mariage, il y amène sa femme, Marie-Thérèse d'Autriche, fille du roi d'Espagne. En 1661, Mazarin est mort. Louis XIV gouverne lui-même et songe à bâtir, afin de laisser des monuments durables de sa puissance et de sa gloire. Versailles l'attire particulièrement, car il a le terrain libre devant lui, et la transformation du petit château de Louis XIII commence. L'architecte *Louis Le Vau* (1613? 1670) est chargé d'habiller, de parer de luxe, la construction ancienne, que Louis XIV refuse de laisser abattre. Les toits se couvrent d'ornements dorés; un balcon de fer forgé court autour des façades; des bustes de marbre blanc parent la nudité des murs, où ils s'encastrent sur des consoles sculptées. Ce fut le **premier Versailles de Louis XIV**, celui dont la Cour de Marbre nous a conservé le souvenir et qui, longtemps, fut à tort attribué à Louis XIII dont l'œuvre est dès lors complètement modifiée. En même temps, le célèbre jardinier *Le Nôtre* (1613-1700) fait le tracé du Parc dont, au prix de terrassements et de travaux énormes, les grandes lignes sont établies, les premiers bassins creusés. De somptueuses fêtes, où joua Molière, sont données en l'honneur de Mlle de La Vallière, puis de Mme de Montespan, en 1664 et en 1668.

Le second Versailles de Louis XIV. — Bientôt ce nouveau château ne suffit plus à la gloire grandissante de Louis XIV. En outre, le style des constructions s'est modifié et la Renaissance dite « romaine », importée d'Italie, succède à la Renaissance française et à son architecture de pierre et briques. Le Vau est chargé par le roi, du côté du Parc, d'« envelopper » le château d'un vaste palais de pierre, aux

Cl. Hachette.

Le Château vu de la Place d'Armes.

lignes droites, aux toits en terrasses, ornés de balustres, de flammes sculptées et de trophées. C'est le corps central du Château que nous voyons aujourd'hui. Cette fois encore, Louis XIV (respect sans doute du passé ou désir d'enchaîner l'œuvre, à tous ses degrés divers) s'est refusé à abattre les constructions existantes, à faire table rase du passé. C'est ce qui explique à Versailles cette anomalie apparente de deux styles, de deux châteaux accolés l'un à l'autre : celui qui regarde la ville et le côté de l'arrivée, celui qui fait face au parc. Une autre opposition, déférente et respectueuse, avait été faite aux projets du roi par Colbert, relativement au manque d'eau courante, qui semblait condamner à une sécheresse fatale les bassins et les jets d'eau du parc. Ici encore Louis XIV, qui commençait à prendre plaisir à « forcer la nature », passa outre.

Ce **deuxième Versailles de Louis XIV**, auquel se rattache une partie des *grands appartements* intérieurs, fut terminé, Le Vau étant mort en 1670, par son élève et ami *François d'Orbay*. Un *Grand Escalier*, dit *Escalier des Ambassadeurs*, détruit sous Louis XV, desservait les appartements. Il était orné, comme ceux-ci et comme l'Escalier de Marbre, ou Escalier de la Reine, qui a subsisté, d'une profusion de marbres de couleur, disposés en mosaïques, de ciselures et de sculptures dorées et de riches peintures. L'illustre *Le Brun* (1619-1690) avait dirigé toute la décoration intérieure du château.

Le troisième Versailles de Louis XIV. — Cependant Louis XIV ne cesse pas d'étendre, d'année en année, sa puissance et sa gloire, qui devaient arriver à leur apogée avec le traité de Nimègue (1679), et il songe à transférer définitivement à Versailles le siège de la cour et du gouvernement. *Jules-Hardouin Mansart* (1645-1708) est nommé premier architecte du roi en 1676 et il reprend à son tour l'œuvre de Le Vau, pour l'amplifier et lui donner sa forme définitive. Du côté de la ville, il relie ensemble d'anciens bâtiments, qui forment, de chaque côté de la Cour d'Honneur, les Ailes des Ministres ; il surélève ceux de la Cour de Marbre, reconstruisant ou consolidant la façade, là où elle s'est affaiblie, ornant le comble de statues assises ou couchées et de plombs dorés. Du côté du parc, il corrige et harmonise le corps central du palais et il construit les deux Ailes du Midi (1682) et du Nord (1684), qui donnent à cette immense façade un développement de 580 mètres de long et 375 fenêtres. Il remanie également les appartements intérieurs et aménage, avec Le Brun, la *Grande Galerie* ou *Galerie des Glaces*. Il construit également, dans le parc terminé par Le Nôtre, l'*Orangerie* et le double escalier d'aspect cyclopéen, dit les Cent-Marches. Enfin il clôt son œuvre par la *Chapelle*, qu'après sa mort achève, en 1710, son beau-frère *Robert de Cotte* (1656-1735). C'est le **troisième Versailles de Louis XIV**, tel qu'il nous apparaît aujourd'hui.

Plus de 30 000 ouvriers avaient été employés à la fois à cette œuvre énorme, tant à la bâtisse qu'aux terrassements du sol, dont les marécages furent définitivement desséchés. Cette œuvre nécessaire d'assainissement donna naissance à de terribles épidémies, qui ravagèrent les rangs des travailleurs. « La mortalité est prodigieuse », écrivait Mme de Sévigné, le 12 octobre 1678, « et l'on emporte toutes les nuits des charrettes pleines de morts. » En même temps, le régiment des Gardes Suisses était occupé à creuser la *Pièce d'eau des Suisses*. Afin d'alimenter les bassins du parc, une simple pompe à chevaux avait d'abord élevé dans une « Tour d'eau » l'eau du vaste étang de Clagny, qui occupait l'emplacement actuel du boulevard de la Reine. Bientôt toutes les eaux de pluie des plateaux supérieurs qui entourent Versailles étaient drainées par un vaste système de rigoles et d'étangs, qui existe encore. Puis, de 1681 à 1685, les Liégeois *De Ville* et *Rennequin Sualem* construisaient la fameuse *machine de Marly*, qui s'élevait sur les coteaux de Louveciennes et amenait à Versailles l'eau de la Seine. Enfin un gigantesque projet de détournement de la rivière de l'Eure était amorcé en 1686 ; les soldats y furent employés, conjointement avec les ouvriers, mais les désastres de la fin du règne et le manque d'argent firent abandonner l'entreprise, dont il reste, comme un grand débris, l'*aqueduc de Maintenon*.

Parallèlement au château de Versailles proprement dit, Louis XIV faisait construire par Mansart sa dépendance du *Grand Trianon*, en 1687 (*V*. p. 83), le *château de Clagny*, pour Mme de Montespan, de 1674 à 1684, et pour lui-même le *château de Marly*, commencé en 1679, non terminé encore en 1703, et qui recommençait, après Versailles, à engloutir d'interminables millions. Clagny, qui occupait à peu près l'emplacement actuel de la gare de la Rive-Droite, est aujourd'hui complètement détruit ; de Marly, il ne demeure plus que des ruines au ras du sol. De cette trilogie magnifique, Versailles reste seul debout.

Les *Comptes des Bâtiments du Roi* nous donnent les sommes dépensées : 65 651 257 livres pour Versailles et Trianon ; 11 686 969 livres pour Marly ; 1 986 209 livres pour Clagny ; 4 611 918 livres pour la machine de Marly ; 8 983 627 pour les travaux de la rivière de l'Eure. Soit un total blocal de 93 millions de livres. Si nous admettons le rapport de 1 à 4 pour la valeur relative de l'argent alors et aujourd'hui, c'est donc un total approximatif de 372 millions de francs de notre monnaie. Il y faudrait ajouter toutes les corvées, non payées, des paysans qui étaient réquisitionnés au cours de la besogne.

Ces sommes se décuplèrent et grossirent démesurément dans l'imagination populaire, les millions devinrent des milliards et, à la veille de la Révolution, les Comptes de Versailles passaient pour avoir été détruits par Louis XIV, qui n'osait les avouer. Il en fut de même pour le chiffre des morts. Sébastien Mercier parlait, à la même époque, des « fleuves de larmes » qui avaient coulé là et Chateaubriand évoquait encore dans *René* « la voix douloureuse qui sort de ces murs, comme s'ils étaient l'écho où viennent se répercuter les soupirs des peuples ».

La Ville. — La ville s'était, d'abord sous Louis XIII, puis sous Louis XIV, développée parallèlement au château. La vraie charte de fondation de la ville est du 22 mai 1671. A cette date, Louis XIV étant à Dunkerque, en pleine campagne de Flandre, décréta que des terrains seraient accordés à toutes personnes qui en feraient la demande, avec exemptions diverses et un seul droit de « 5 sols annuels par arpent, à charge de construire avec symétrie, selon les plans et modèles délivrés par le Surintendant des Bâtiments ». Trois larges avenues, qui sont aujourd'hui les avenues de Saint-Cloud, de Sceaux et de Paris, furent tracées et rayonnèrent en éventail de la Place d'Armes, où Mansart éleva les *Grandes* et les *Petites Écuries* royales. La ville comptait, à la mort de Louis XIV (1er sept. 1715), 30 000 habitants.

Le Régent et Louis XV. — Le Régent, Philippe II d'Orléans, neveu du Roi, qui succéda à Louis XIV dans le gouvernement de la France pendant la minorité du jeune Louis XV, délaissa Versailles pour Vincennes et Paris, pendant sept ans. Il y revint mener une vie scandaleuse et y mourut d'apoplexie, le 2 décembre 1723.

Louis XV n'habita jamais non plus Versailles d'une façon bien suivie, partageant son temps entre cette résidence et ses autres châteaux royaux. Le palais subit cependant, sous son règne, d'importants remaniements. Tout d'abord les anciens appartements royaux, dont la pompe et la magnificence étaient peu pratiques et s'accordaient mal avec l'intimité et le confortable qui marquaient l'évolution du goût vers la vie moderne, furent doublés en quelque sorte d'une série d'appartements particuliers, où le Roi se trouvait chez lui et délivré des lois de l'étiquette. Ce sont les **appartements de Louis XV**, en bordure de la Cour de Marbre. Si, dans ces transformations, bien des œuvres du passé furent sacrifiées, du moins une décoration élégante, merveilleuse, de bois sculpté et doré, les remplaça, exécutée par les premiers artistes de l'époque. Il n'en fut pas de même des transformations extérieures. Le triomphe du style néo-classique tint à s'affirmer: la Cour de Marbre, si charmante, fut condamnée et, à défaut d'une dévastation complète qu'empêcha seul le manque d'argent, l'architecte *Gabriel* (1710-1782) éleva un des lourds *pavillons à colonnes* et à fronton grec qui se présentent aujourd'hui à l'entrée du château, l'écrasant de leur masse disgracieuse. Par contre, c'est à Louis XV et au même architecte Gabriel que l'on doit la *salle de l'Opéra*, dans le château, et le charmant palais du *Petit-Trianon* (V. p. 91). Nous rappelons brièvement que Versailles fut un des théâtres des honteuses débauches de Louis XV, soit dans les divers petits appartements qu'il y fit aménager pour ses maîtresses (Mme de Pompadour et Mme Du Barry sont les plus connues), soit dans une maison de la ville, dite le *Parc aux Cerfs*, parce qu'il se trouvait jadis, sur son emplacement, une ancienne réserve de chasse peuplée de ces animaux.

Louis XVI. — Une nouvelle transformation du style s'opère avec Louis XVI: le goût de l'intimité intérieure se développant de plus en plus. Marie-Antoinette se fait à son tour aménager, sur une des cours du château, de **petits appartements**, tenant surtout du boudoir, et d'une délicatesse d'ornements qui fait encore notre admiration. L'évolution du style était la même dans l'art des jardins et, en opposition au vieux parc grandiose et solennel, Marie-Antoinette se fait construire le **Hameau** paysan du *Petit Trianon* (V. p. 96).

La Révolution. — Nous arrivons ainsi à l'an 1789 et à la **Révolution**. C'est à Versailles que, dans une Salle construite exprès, aujourd'hui détruite, se réunit, le 5 mai 1789, l'Assemblée des États Généraux des trois ordres, Clergé, Noblesse et Tiers État, convoqués par le ministre Calonne. C'est dans la *Salle du Jeu de Paume* (p. 102, que les députés du Tiers se retrouvent, sous la présidence de Bailly, le 20 juin, et, se constituant en Assemblée Nationale, jurent de ne point se séparer qu'ils n'aient donné une Constitution au royaume. Enfin, après la séance royale du 23 juin, dans la Salle de l'Assemblée, Mirabeau lance sa fameuse apostrophe : « Nous sommes ici par la volonté du peuple et nous n'en sortirons que par la force des baïonnettes ».

Bientôt les événements se précipitent. Le 14 juillet, la Bastille est prise à Paris et, le 5 octobre, la foule marche sur Versailles; elle envahit le château (6 oct.), massacre les gardes du corps et ramène à Paris le roi, la reine et leurs enfants, entre deux haies de piques. C'est la fin du Versailles royal et de la royauté elle-même.

Le château eut relativement peu à souffrir sous la Révolution, toute l'attention s'étant reportée sur Paris, mais il fut entièrement vidé. Un certain nombre d'œuvres d'art, tableaux, statues et quelques meubles, furent attribués au musée du Louvre ou au Mobilier national. Tout le reste fut vendu aux enchères, vente fantastique qui dura un an sans discontinuer (du 25 août 1793, 10 heures du matin, au 20 août 1794). Le château, menacé lui-même d'être rasé, échappa à grand peine à ce triste sort, à la suite des protestations des habitants de la ville.

Versailles au XIXᵉ siècle et jusqu'à nos jours. — **Napoléon Iᵉʳ** entreprit de remettre le château en état, y projeta, sur les plans proposés par son architecte *Fontaine*, des défigurations que les premiers revers de l'empire empêchèrent une fois de plus, et habita personnellement le Grand Trianon. En 1814, lors des derniers désastres et de l'invasion, les Alliés parurent à Versailles. On y vit Alexandre de Russie et ses deux frères, ainsi que le roi de Prusse, Frédéric-Guillaume, avec ses deux fils. L'un de ceux-ci devait, cinquante-six ans plus tard, y revenir et y être proclamé empereur d'Allemagne.

Sous la **Restauration**, l'architecte *Dufour* fit construire. en pendant avec l'aile Gabriel, le second pavillon à fronton et à colonnes, qui encadre la Cour d'entrée du château. Des réparations importantes furent faites un peu partout, mais le château se délabrait de plus en plus. Son entretien était ruineux. pour un but qui semblait inutile, car il ne paraissait plus alors qu'une immense bâtisse, surannée de style, et dont on ne savait que faire.

C'était la destruction fatale, lorsque **Louis-Philippe** le sauva. en le faisant restaurer à ses propres frais et en y établissant un *musée* consacré aux gloires nationales de la France. Malheureusement, le Roi-citoyen, qui dépensa à cette œuvre 23 millions env., ne possédait pas un goût artistique très pur et il commit. pour installer des toiles souvent médiocres, d'effroyables dégâts. Ce fut pour Versailles la vie sauve, mais le déshonneur. La meilleure partie de son œuvre, la seule qui soit destinée à subsister, est la collection de tableaux et de documents rétrospectifs qu'il y réunit de partout, et qui y sont encore un objet de grand intérêt.

Pendant la **Guerre de 1870-1871**, les Allemands établirent à Versailles le centre de leurs opérations contre Paris et. le 18 janvier 1871, le roi Guillaume ceignait, dans la Galerie des Glaces. le diadème impérial d'Allemagne. Bismarck, établi dans une maison de la rue de Provence. nº 20. y débattait avec Jules Favre l'armistice et la capitulation de Paris, signés le 26 janvier. Le 26 février, Thiers et Jules Favre y signaient avec lui les préliminaires de la paix. Le 12 mars, le dernier soldat allemand quittait Versailles par la grille de Picardie et, le soir du même jour, les premiers soldats français reparaissaient.

Ce fut ensuite la **Commune** terrorisant Paris, le gouvernement légal de la France installé à Versailles. L'Assemblée Nationale siégea dans la salle de l'Opéra, transformée et défigurée pour cet usage. La République y fut proclamée définitivement, le 25 février 1875. Le gouvernement et les deux Chambres continuèrent à se tenir à Versailles; le Sénat conserva la salle de l'Opéra: une nouvelle Salle (p. 59) avait été construite pour les députés, dans l'aile S. du Palais (8 mars 1876). Le 19 juin 1879, les deux Chambres réunies en Congrès votèrent leur retour à Paris. La salle des Députés sert maintenant de salle du Congrès, pour l'élection des Présidents de la République.

Mais le château est redevenu aujourd'hui le principal intérêt de Versailles et comme sa raison d'être. L'art magnifique qu'il représente est revenu en honneur. *M. Pierre de Nolhac*, son éminent conservateur actuel, y répare dans la mesure du possible, et avec une science d'art parfaite, les dévastations du temps et des hommes; il est secondé par *M. A. Pératé*, conservateur adjoint; *M. Marcel Lambert*, architecte, a la direction extérieure des travaux. Des sommes considérables ont été intelligemment dépensées depuis une vingtaine d'années; d'autres sont encore nécessaires, qu'il n'y aurait pas lieu de regretter, car Versailles les paie largement en gloire et en beauté.

Il faut citer enfin la société des *Amis de Versailles* — cotisation annuelle, 20 fr.; siège à Paris, r. de Rivoli, 107 (Pavillon de Marsan); délégation à Versailles, librairie Bernard, r. Hoche, 17 — qui apporte à l'État une aide pécuniaire et artistique, souvent utile. Ses membres jouissent de nombreux et intéressants avantages et sont conviés, plusieurs fois par an, à des conférences.

Cl. P. Gruyer.

Louis XIII. par
Simon Vouet.

[illegible] par
[illegible] la
[illegible]
[illegible]
[illegible]

[illegible]
[illegible]
[illegible]
[illegible]
[illegible]

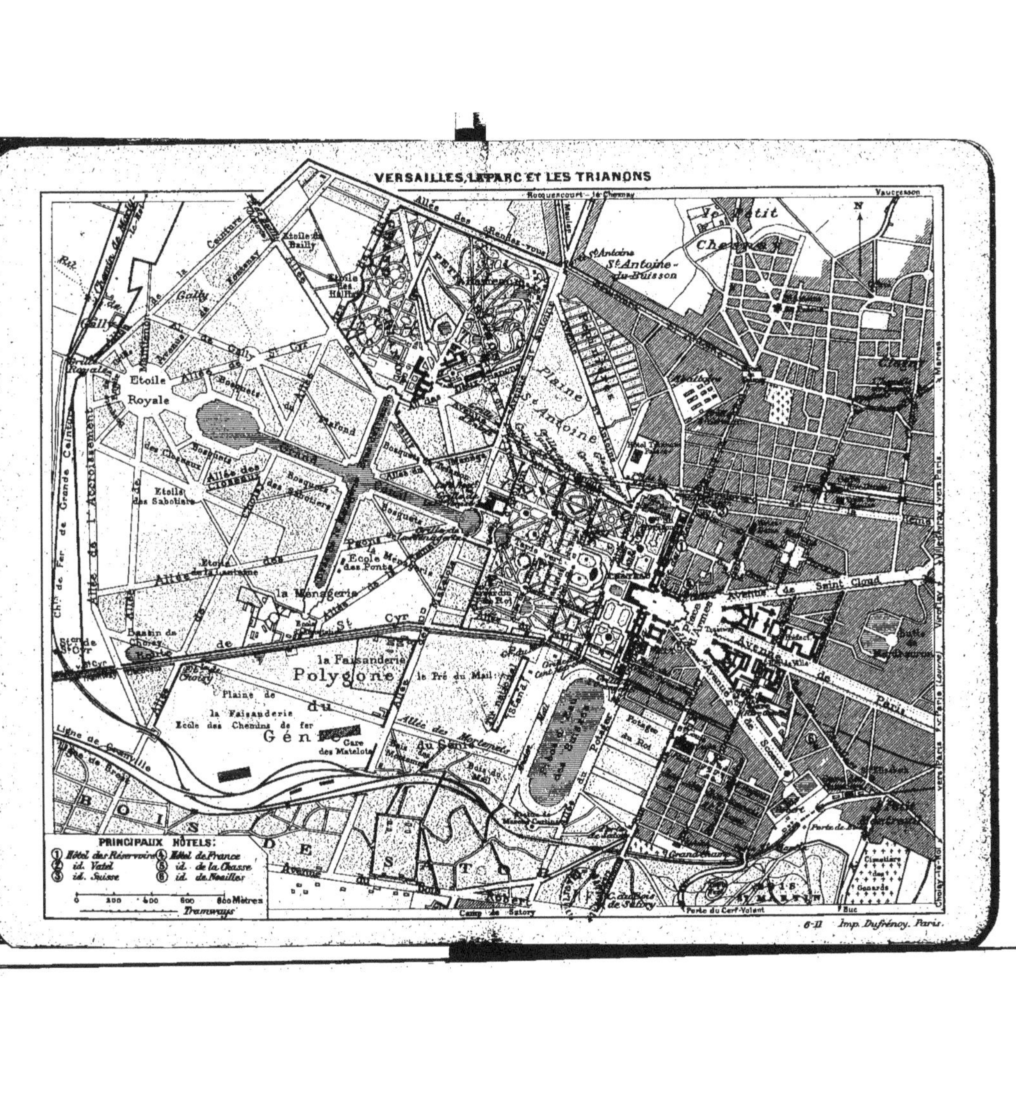

VERSAILLES, LE PARC ET LES TRIANONS
N
PRINCIPAUX HÔTELS:
1 Hôtel des Réservoirs
2 id. Vatel
3 id. Suisse
4 Hôtel de France
5 id. de la Chasse
6 id. de Noailles
0   200   400   600   800 Mètres
Tramways
Roquencourt - le Chesnay
Vaucresson
le Petit Chesnay
St Antoine
St Antoine-du-Buisson
Plaine St Antoine
Etoile Bailly
Ecole des Halles
Ceinture
Fosseuse
Etoile Royale
Royale
Allée des Bouvreuils
Chemin de Fer de Grande Ceinture
Gally
Ri de Gally
des Chevaux
Bosquet
Etoile des Sabotiers
Allée de l'Aubépine
Etoile des
la Ménagerie
Bassin de Choisy
St Cyr
Ecole
de
Route
la Faisanderie
Polygone
le Pré du Mail
du
Plaine de
la Faisanderie
Ecole des Chemins de fer
Gén
Gare des Matelots
Pré du Mail
Allée de Montenais
Au Centenaire
Bois du Mail
Ligne de Grandville
Ligne de Brest
BOIS DE ST C
Avenue
Camp de Satory
Casernes de Satory
Porte du Cerf-Volant
Buc
Avenue de Saint Cloud
Avenue de Paris
Potager du Roi
Grand Canal
Ecole Mre des Ponts
Profil
Gu
Gun
6-11 Imp. Dufrénoy. Paris.

Cl. P. Gruyer.

Avant-Cour du Château.

LE CHÂTEAU

La *partie principale* du Château est ouverte t. l. j., sauf le lundi : du 1er avril au 30 sept., de 11 h. mat. à 5 h. s. ; du 1er oct. au 31 mars, de 11 h. mat. à 4 h. s. Le *lundi*, visite restreinte, en escouade, accompagnée d'un gardien. — *Salles des Croisades*, le jeudi et le dimanche, mêmes heures. — *Salles de la République et de l'Empire* (rez-de-chaussée, aile du Midi), le mercredi et le samedi. — *Attique du Nord* (musée de portraits), le mardi et le vendredi. — *Attique du Midi* (musée de portraits), t. l. j.

Pour l'*Itinéraire des gares ou de la route au Château*, V. p. 11.

Des *guides*, étrangers à l'Administration (*inutiles* en se dirigeant avec nos itinéraires de visite), se tiennent aux abords du château (si on en use, faire prix d'avance, sur la base de 1 fr. l'heure).

N.-B. — Les numéros sont ceux des salles ; se reporter au plan.

ITINÉRAIRE I. — Cet itinéraire, qui comprend la visite de la CHAPELLE, *des* APPARTEMENTS ROYAUX *et de la partie la plus intéressante du Château, est celui qu'il faut suivre tout d'abord. Il montre* CE QU'IL EST INDISPENSABLE D'AVOIR VU *et peut être suivi tous les jours.*

De quelque moyen que l'on use pour se transporter au Château, on arrive d'abord à la **place d'Armes**, d'où rayonnent les trois grandes **avenues de Saint-Cloud, de Paris** (au centre) **et de Sceaux**. Du côté de la ville, la place est bordée en demi-cercle par les **Grandes** et les **Petites Ecuries** du Roi, construites par Mansart et auj. casernes (aux portes centrales, beaux *frontons* de chevaux sculptés). En face, s'ouvre la grille d'honneur et se développent les vastes bâtiments du Château. — Si l'on arrive par le tram de la gare Rive-Droite, on se trouve tout de suite transporté en haut de la Cour du Château, à l'extrémité de la rue des Réservoirs (entrée à g.).

La **Grille d'Honneur** du Château, en fer forgé et doré, de style Louis XIV, porte en fronton les fleurs de lis royales. Elle a été restaurée en 1879, ainsi que les groupes de sculpture qui l'encadrent : à dr., *La France victorieuse de l'Empire*, par G. Marsy, *de l'Espagne*, par Girardon ; à g., *La Paix*, par Tuby, *L'Abondance*, par Coysevox.

On entre dans l'**Avant-Cour** ou **Cour des Ministres**. Cette cour, qui a conservé ses anciens pavés (des lignes droites de pavés, à dr. et à g., indiquent l'emplacement où se rangeaient les Gardes Suisses), est bordée par deux ailes en pierre et briques, dites **Ailes des Ministres**, jadis occupées par les ministres et secrétaires d'Etat. Les toits, défigurés, étaient sous Louis XIV ornementés de plombs dorés. Une double rangée de lourdes **statues**, destinées primitivement au pont de la Concorde, à Paris, représente des grands hommes français. Elles ont été malencontreusement placées là par Louis-Philippe et il n'y a à signaler que la dernière de g., vers le haut (*Condé*, par David d'Angers). C'est dans cette cour que Montgolfier et Pilâtre de Rozier firent, en 1783 et 1784, devant Louis XIV et Marie-Antoinette, leurs premières expériences aérostatiques.

Une seconde Grille, qui passait là où se trouve la **statue équestre de Louis XIV** (par Petitot et Cartellier ; 1835), séparait l'Avant-Cour de la seconde Cour, ou **Cour Royale**, où pouvaient seules pénétrer les personnes qui en avaient le privilège. Les autres se faisaient porter, en « chaises » de location, jusqu'aux entrées diverses du Château. La Cour Royale est encadrée par deux gros et malencontreux **pavillons à colonnes**, de style néo-grec ; celui de droite fut élevé sous Louis XV, par l'architecte Gabriel (1772) ; celui de gauche, qui n'avait pas été fait alors, a été achevé symétriquement, sous la Restauration, par l'architecte Dufour (1829). Lors de la transformation du château en musée, Louis-Philippe fit inscrire aux frontons : « *A toutes les gloires de la France* ». Ces pavillons en ont remplacé deux autres, moins élevés, à péristyle et à terrasses, qui étaient du même style que les constructions de la Cour de Marbre.

Au delà de la Cour Royale, en renfoncement, la charmante **Cour de Marbre**, avec ses façades de pierre et briques, occupe la place de la première cour du petit château élevé par Louis XIII. Elle est comme l'embryon autour duquel a grandi Versailles. Les façades élevées par Louis XIII ont été complètement transformées et même reconstruites pour Louis XIV, d'abord par l'architecte Le Vau, ensuite par Mansart. Dans les murs, des niches et des consoles de marbre blanc sont ornées de 80 *bustes antiques*; de chaque côté de l'horloge sont deux figures couchées (*Mars*, par G. Marsy, et *Hercule*, par Girardon); sur l'entablement des toits reposent d'autres groupes de Marsy, Coysevox, Massou, Raon, Le Hongre, Regnaudin, Girardon et Lespingola, représentant des figures allégoriques (*la Justice, la Sagesse, la Gloire*, etc.) et *les Quatre Parties du Monde*. Sous Louis XIV, un passage était ouvert au fond de la cour et com-

Cl. P. Gruyer.

Cour de Marbre.

muniquait avec le parc. Au *balcon central* du 1ᵉʳ étage, de fer forgé et doré, donnent les fenêtres de la Chambre du Roi; c'est à ce balcon que Marie-Antoinette dut se montrer, le 6 octobre 1789, afin d'apaiser l'émeute qui avait envahi le château et les cours, et que Louis XVI promit de rentrer à Paris (*V. Histoire*, p. 16). Le sol de la Cour de Marbre était jadis plus élevé de cinq marches; il a été abaissé sous Louis-Philippe et l'on en voit le fâcheux effet à la base des colonnes et des fenêtres du rez-de-chaussée. A g. dans la Cour s'ouvre l'Escalier de Marbre (p. 47), qui conduit directement à la Chambre du Roi.

De la Cour de Marbre, nous revenons à l'Aile Gabriel et, tournant à g., nous passons entre cette aile et la Chapelle, pour arriver (à dr.) au **Vestibule de la Chapelle** (*vestiaire*; facultatif, sauf pour les parapluies, les jours de pluie), par où nous entrons au Château. Ce vestibule est soutenu par des colonnes ioniques et a de belles **portes** en bois sculpté et doré de l'époque de Louis XIV. On y remarque un **bas-relief** de Nicolas et Guillaume Coustou, allégorie du *Passage du Rhin par Louis XIV* (Louis XIV, couronné par la Victoire, foule aux pieds le Rhin, sous la figure d'un vieillard couronné de roseaux). La porte de la chapelle n'est pas toujours ouverte, mais c'est du 1ᵉʳ étage qu'on la voit le mieux. — Un *petit escalier* de pierre, à g. de la porte de la chapelle (un écriteau indique : *Appartements royaux*) monte au 1ᵉʳ étage; la Galerie qu'on laisse à g. conduirait aux Salles des Croisades et à l'Opéra (p. 54 et 52). Cette entrée est peu digne d'un aussi vaste palais; lors des remaniements exécutés sous Louis XV et de la destruction du magnifique *Escalier des Ambassadeurs*, qui desservait sous Louis XIV ce côté du château, un autre escalier avait été projeté pour le remplacer et ne fut jamais exécuté.

L'escalier de la Chapelle nous amène au PREMIER ÉTAGE, dans un remarquable **Vestibule** (S. 83) de pierre blanche (portes en bois sculpté, blanc et or), œuvre de Mansart et de Robert de Cotte (*bustes* de tous deux, par Coysevox). Élégantes statues de Bousseau (*la Magnanimité*; à ses pieds, un lion) et de Vassé (*la Gloire*; elle soutient le médaillon de Louis XV). Sur ce vestibule s'ouvre la **tribune royale** de la Chapelle.

La **Chapelle**, construite à la fin du règne de Louis XIV, par Mansart, terminée par son neveu Robert de Cotte (1699 à 1710), est une œuvre de premier ordre. On en admire l'aspect somptueux, le jour lumineux, les riches ciselures, l'harmonie de l'or et de la pierre blanche, qui en font comme le palais de Dieu dans le palais du Roi. La tribune royale sert en quelque sorte de belvédère, pour en voir l'ensemble; c'est à elle, non aux spectateurs du rez-de-chaussée, que se rapporte toute l'harmonie des lignes. En face, est le **maître-autel**, en marbre et en bronze ciselé et doré (*sculptures* de Van Clève et de Guillaume Coustou); le rez-de-chaussée est dallé d'une mosaïque de marbres de couleur; les *vitraux* (chiffre de Louis XIV et armes de France) ont été refaits en 1852, à la manufacture de Sèvres; les **peintures du plafond**, d'un éclatant coloris, complètent la somptuosité de l'ensemble (au centre de la voûte, *Le Père Éternel dans sa gloire*, par Antoine Coypel; au-dessus de la tribune royale, *Descente du Saint-Esprit*, par Jouvenet). On sait que, durant les offices, toute la Cour tournait le dos à l'autel et regardait le roi, qui entendait la messe tous les jours et ne descendait au rez-de-chaussée que lorsqu'un évêque officiait. C'est dans cette chapelle que Louis XVI, qui y chantait d'une voix fausse et retentissante, épousa Marie-Antoinette, le 16 mai 1770.

Laissant à dr. la 2ᵉ Galerie de Sculpture (p. 55), qui conduirait

Cl. Hachette.

Chapelle du Château.

aux Salles de Crimée (p. 56) et à l'Opéra (p. 52), et la 2ᵉ Galerie
de Peinture (p. 55), nous entrons, à g., dans le Salon d'Hercule.

Le **Salon d'Hercule** (S. 105) fut établi sous Louis XV, dans le style de Louis XIV, avec des marbres de couleur, à la place d'une ancienne chapelle qui avait précédé la chapelle actuelle. Vassé travailla, de 1729 à 1734, à sa riche décoration de bronze ciselé, comprenant la *cheminée*, les *pilastres* et l'énorme *cadre* qui occupe le fond de la pièce. Dans ce cadre était autrefois le célèbre *Repas chez Simon le Pharisien*, de Paul Véronèse, donné à Louis XIV par la république de Venise et qui est aujourd'hui à Paris, dans le Grand Salon du Louvre; il a été remplacé par un tableau représentant le *Passage du Rhin par Louis XIV*, repeint par P. Franque, en 1834, d'après Le Brun et Van der Meulen. — Sur la cheminée *Louis XIV*, par Mignard, remplaçant également un Véronèse. — Au **plafond**, vaste composition de Le Moine (18 m. 50 sur 17; 142 figures) représentant l'**Apothéose d'Hercule** (Hercule est présenté à Jupiter par l'Amour et la Vertu, dans un char tiré par des Génies). Le peintre y travailla sept ans durant, de 1729 à 1736, et son cerveau en fut tellement surmené que, l'œuvre finie, il se tua. Il avait reçu pour son œuvre 10,000 écus et ses déboursés seuls allaient à 29,000 livres. — Dans le Salon d'Hercule se tenait le *poste de garde* des Suisses, qui défendait l'entrée des Grands Appartements, principalement, dit le règlement : « aux personnes marquées fraîchement de la petite vérole, aux gens mal vêtus, aux porteurs de placets, aux moines mendiants et aux chiens ».

On entre dans les Grands Appartements par le **Salon de l'Abondance** (S. 106), qui servait de Buffet lors des réceptions du roi et était garni alors de tables avec liqueurs, vins, sorbets, gâteaux et fruits confits.

Les Grands Appartements, ou *Appartements de Parade*, n'étaient pas habités par le roi. Ils servaient à ses réceptions, au jeu, à la musique, au billard, aux collations. Le roi s'y mêlait librement à ses invités. Leur décoration de marqueteries de marbre, leurs ciselures de bronze doré, leurs portes sculptées, les peintures de leurs plafonds datent de Louis XIV; ce fut l'œuvre des meilleurs artistes et Le Brun en fut l'ordonnateur général. Les murs en étaient, pendant l'hiver, garnis de velours vert ou feu, ou de tapisseries des Gobelins, qui y ont été en partie rétablies; pendant l'été, ils étaient tendus de brocarts de soie à fleurs, de diverses couleurs, brodés d'or ou d'argent. Leur premier mobilier avait été exécuté à la manufacture des Gobelins; il se composait de sièges, de tables, de guéridons, de torchères, de flambeaux et de girandoles, de vases et de cache-pots, en filigrane d'argent blanc ou doré. Tous ces chefs-d'œuvre de l'art furent misérablement portés à la Monnaie, par ordre de Louis XIV, durant la guerre de 1689 et 1690, pour être fondus, monnayés, et aider à ses frais. Ce fut une opération déplorable, qui rapporta peu et excita justement la risée de l'Europe; il eût suffi au roi de vendre quelques-uns des boutons de diamants dont il était constellé, jusque sur ses jarretières et sur ses souliers, pour éviter cet

acte de vandalisme et en trouver l'équivalent pécuniaire au centuple.
Tels qu'ils sont, les Grands Appartements demeurent une des parties
les plus intéressantes du Château, une de celles qui ont le mieux conservé le cachet d'une époque disparue. Un certain nombre de beaux
meubles y ont été replacés.

Le *plafond*, très restauré, du salon de l'Abondance, peint par

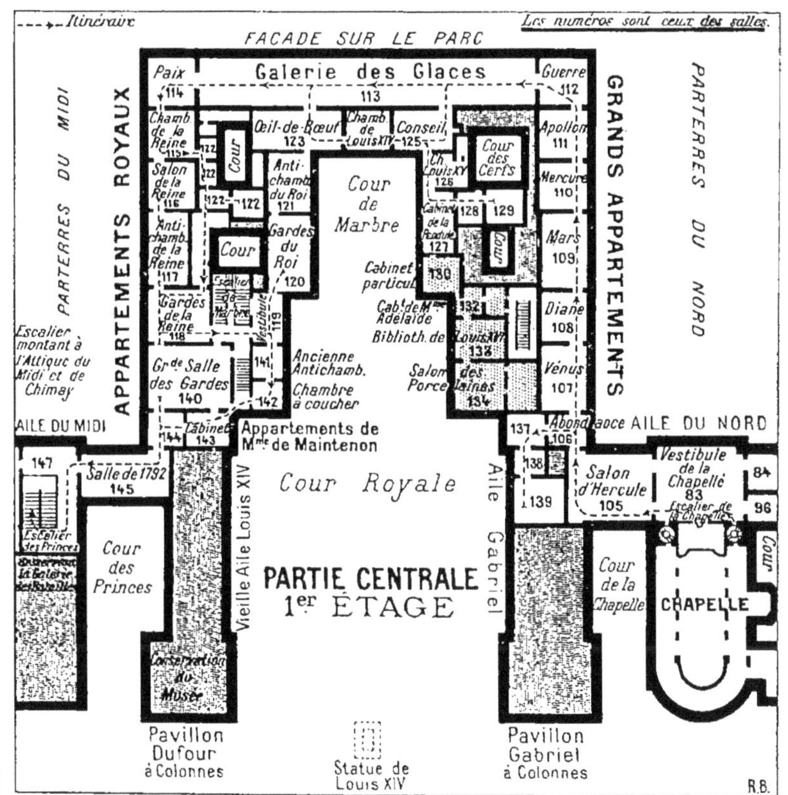

Houasse, représente l'*Abondance* ou la *Magnificence royale* (Pluton,
Neptune et Thétis: figure de l'Abondance, portant un sceptre
d'or et s'appuyant sur une corne d'où se répandent des médailles,
des perles et des joyaux). Sur les murs, tableaux de Van der
Meulen (*Sièges* et *Prises de Charleroi, Lille, Valenciennes, Cambrai
et Fribourg*), qui ont remplacé un Carrache, un Guido Reni et
un Véronèse qui y figuraient sous Louis XIV. — Les sièges
en X, couverts de tapisserie, que l'on voit dans cette pièce et

dans un certain nombre de salles du Château proviennent de la cérémonie du sacre de Charles X.

[Sur le salon de l'Abondance s'ouvrent 2 petites salles (SALLES 137 et 138), transformées, qui étaient sous Louis XIV le **Cabinet des Médailles**, origine de la collection transférée à la Bibliothèque Nationale de Paris. On y voit auj. des **gouaches** de Van Blarenberghe (remarquables par leur exactitude et leur minutie), représentant les Campagnes du règne de Louis XV et d'anciens Costumes militaires français. — Au delà de ces 2 salles : SALLE 139, dite des ÉTATS GÉNÉRAUX, installée sous Louis Philippe (frise de la salle figurant le *Défilé des États-Généraux*, en 1789, par Louis Boulanger). On y a logé, faute d'autre place, des toiles modernes : *Aimé Morot*, Reichshoffen ; *de Neuville*, Champigny ; *G. Bertrand*, Funérailles du président Carnot.]

Du salon de l'Abondance on passe dans le **Salon de Vénus** (S. 107), où aboutissait autrefois le grand Escalier des Ambassadeurs, ou Escalier du Roi, détruit sous Louis XV. La **décoration de marbre** de cette pièce est remarquable et un des plus beaux spécimens du premier style de Louis XIV, inspiré de l'Italie. Il servait à la collation, les jours de réception ou d' « appartement » du roi. — Dans la niche centrale, belle **statue de Louis XIV**, en costume romain et à perruque, par Warin ; de chaque côté, vases d'albâtre de l'époque. — A dr. et à g. de la pièce, *peintures en trompe-l'œil*, prolongeant une perspective fictive, à la mode italienne, par Jacques Rousseau. — Les **portes** en bois sculpté, par Caffieri, et les **dessus de portes**, aux bas-reliefs de bronze doré, sont de toute beauté. — Le **plafond**, par Houasse, représente le *Triomphe de Vénus* (le sujet central figure la déesse sur son char et s'appuyant sur un cygne ; autour d'elle, Mars, Vulcain, Bacchus, Neptune et Jupiter, enlacés de guirlandes de roses). Parmi les sujets des voussures : *Nabuchodonosor et Sémiramis faisant élever les jardins de Babylone* (allusion aux travaux de Versailles que faisait exécuter Louis XIV).

Salon de Diane (S. 108), Salle de Billard sous Louis XIV. Deux estrades en bois, couvertes de tapis de Perse, permettaient aux dames d'assister au jeu. Comme dans la pièce précédente, belle décoration de marbre, de bois sculpté et de bronze ciselé. — Au centre, **buste de Louis XIV** par Le Bernin (1665), sous une couronne de bronze doré, portée par des enfants ailés. — Le plafond, par Blanchard, montre *Diane*, ses attributs et sa légende (elle est sur son char, précédée, entourée et suivie des Heures : Heures de la Nuit, du Matin, du Travail, du Repos et de la Veille) : d'autres sujets symbolisent *la Chasse* et *la Navigation*. — Au-dessus de la cheminée, *Marie-Thérèse*, femme de Louis XIV, par Beaubrun et, dans le marbre de la cheminée, petit *bas-relief* en marbre blanc (Fuite en Egypte), par Van Opstal. — **Table** en bois sculpté et doré (dessus de mosaïque florentine), faite aux Gobelins sous Louis XIV, et **autographe** de Mansart, annoté par Louis XIV, relatif aux travaux de Versailles (le roi recommande de « mettre de l'enfance partout »). — Bustes de *Colbert* et du *Grand-Dauphin* (fils de Louis XIV), par Coysevox.

Salon de Mars (S. 109), Salle de Jeu, puis Salle de Bal et de Concert sous Louis XIV. — Les murs sont tendus de **tapisseries des Gobelins** (*Prise de Dôle* et *Entrée de Louis XIV à Dunkerque*); sur le parquet, magnifique *tapis* de la Savonnerie de Paris. — Sur la cheminée, **Louis XIV**, par Simon Vouet (le roi a dix ans env.; il est monté sur un cheval blanc). — Le **plafond**, par Audran, représente *Mars*, le Dieu des batailles, sur un char traîné par des loups. Les motifs accessoires, parmi lesquels on distingue divers guerriers célèbres : (*César, Cyrus, Constantin, Marc-Aurèle*) sont d'Audran, Houasse et Jouvenet. Les dessus de portes (*la Justice, la Tempérance, la Force, la Prudence*) sont de Simon Vouet et ont remplacé des tableaux du Titien. — A contre-jour, le **roi David**, du Dominiquin, ornait jadis la chambre à coucher de Louis XIV. — Beau **surtout de table**, figurant une colonnade de style néo-grec, exécuté sous Louis XV pour le service de Marie-Antoinette, dauphine. — **Horloge** automatique, faite en 1706 pour Louis XIV, par Morand (toutes les fois que l'on fait sonner l'heure, 2 coqs sortent d'un petit nuage et chantent en battant des ailes, tandis qu'un buste de Louis XIV s'élève, couronné par la Victoire).

Salon de Mercure (S. 110), Salle de Jeu sous Louis XIV (jeu de cartes, trou-madame, jeux de hasard), puis *Chambre du Lit*. Un lit de parade, à colonnes surmontées de plumets blancs et fermé par une balustrade d'argent ciselé, y était monté et ne servait qu'exceptionnellement au roi; son petit-fils Philippe, duc d'Anjou, y coucha quelque temps, après qu'il eût été déclaré roi d'Espagne (1700); Louis XIV y fut exposé, après sa mort, pendant huit jours. La décoration de marbre de la pièce a été détruite, et la balustrade d'argent fondue à la Monnaie sous Louis XIV (*V.* p. 24). — De nombreux tableaux de maîtres ornaient les murs, tendus auj. de **tapisseries des Gobelins** (*Sièges de Tournai et de Douai; Défaite des Espagnols à Bruges*); sur le plancher, *tapis* de la Savonnerie. — **Plafond**, par J.-B. de Champaigne, représentant *Mercure* (sur son char, tiré par deux coqs, et précédé de l'Etoile du matin). Aux motifs secondaires : *Histoire d'Alexandre, de Ptolémée et d'Auguste*.

Salon d'Apollon (S. 111), ancienne Chambre du Trône, où le Roi donnait ordinairement audience aux ambassadeurs. Le trône était d'argent et fut fondu à la Monnaie; on voit encore au plafond les pitons qui soutenaient le dais. Des Van Dyck et des Rubens, ceux-ci auj. au Louvre, ornaient la pièce. — Le beau **plafond**, par La Fosse, représente *Apollon* (il est sur un char attelé de quatre chevaux, et accompagné du *Printemps*, de *l'Eté*, de *l'Automne* et de *l'Hiver*). Ce symbole du Dieu du jour personnifiait, on le sait, Louis XIV et se retrouve partout, comme motif décoratif dans le château et dans le parc. C'est à lui que se rapportaient les sujets symboliques et les noms des autres pièces des Grands Appartements que nous venons de parcourir : Vénus, Diane ou la Lune, Mars et Mercure, qui lui faisaient comme un cortège des astres du même nom. Les motifs secondaires du plafond rappellent des sujets antiques : *Coriolan au siège de Rome*; *Vespasien faisant élever le Colisée*; *Auguste faisant bâtir le port de Mysène*; *Porus devant Alexandre*. — Sur les murs, **tapisseries des Gobelins** (*Entrevue de Louis XIV et de Philippe IV d'Espagne*; *Mariage de Louis XIV et de l'Infante d'Espagne* (Marie-Thérèse); *Audience de l'Ambassadeur d'Espagne*. — Remarquables *serrures* des portes, en bronze ciselé et doré.

Ici se terminaient les Grands Appartements du Roi et nous arrivons à la face centrale du Château.

Salon de la Guerre (S. 112). Ce petit salon, symétrique au Salon de la Paix (p. 36) qui se trouve à l'autre extrémité de la Galerie des Glaces, fait partie du magnifique ensemble décoratif de cette dernière. Il fut terminé en 1678. Sa **décoration de marbres polychromes et de bronzes ciselés** (armes et trophées encastrés dans les murs) est intacte. — Six *bustes* d'empereurs romains, de travail italien, en marbres de couleur et à tête de porphyre, proviennent de la succession de Mazarin et avaient été légués par lui à Louis XIV : les draperies ont été refaites par Girardon. — Glaces à biseau dans les fausses portes. — Sur la cheminée, **Louis XIV à cheval**, bas-relief en stuc par Coysevox (ses ennemis, vaincus, sont foulés aux pieds par sa monture; deux captifs, liés de festons fleuris, soutiennent l'ovale du bas-relief).

Le plafond, peint par le célèbre Le Brun, représente la **France Victorieuse**, cuirassée et casquée, avec un manteau semé de fleurs de lis; elle tient d'une main la foudre, de l'autre un portrait lauré de Louis XIV. Dans les motifs des voussures, on voit : *l'Allemagne à genour*, sur un monceau d'armes et se couvrant de son bouclier; *la Hollande*, renversée sur son lion symbolique, avec ses vaisseaux en flammes et son sol inondé; *l'Espagne*, qui tient dans ses mains une pique, dont elle menace vainement la France du motif central; ses soldats fuient de toutes parts; *Bellone en fureur*, la déesse farouche de la guerre a derrière elle la Discorde, qui embrase temples et palais, tandis que Thémis est renversée avec la balance de la Justice et que la Charité s'enfuit. Ces peintures symboliques, qui correspondent à l'apogée de la gloire de Louis XIV et lui ont élevé ce monument d'orgueil (elles se continueront dans toute la décoration de la Galerie des Glaces), correspondaient bien alors au sentiment général de la France pour le tout-puissant monarque. Elles produisirent chez les peuples vaincus un ressentiment pire que leurs défaites mêmes, qui se traduisit bientôt par de nouvelles ligues et de nouvelles guerres.

Galerie des Glaces.

La Grande Galerie, ou **Galerie des Glaces**, est considérée comme le **chef-d'œuvre de l'art de Louis XIV**. Elevée par Mansart, à partir de 1679, dans son remaniement du château de Le Vau, elle fut terminée, pour sa décoration et ses peintures, en 1682. La décoration fut faite sous la direction de *Le Brun*, qui donna également les esquisses du plafond. Toute une armée de sculpteurs, de fondeurs et de ciseleurs de bronze y travailla, parmi lesquels il faut citer : *Philippe Caffieri, Coysevox, Le Comte, Tuby,* pour la sculpture; *Dominique Cucci* pour les ciselures, encadrements des glaces et les menus ouvrages de cuivre; l'orfèvre *Ladoiseau* fondit une partie des bronzes et trophées encastrés aux murs.

La Grande Galerie (elle se termine au *Salon de la Paix* qui fait pendant au Salon de la Guerre et auquel nous reviendrons tout à l'heure, p. 36) mesure 72 m. de long; elle est large de 10 m. 50 et haute de 13 m. à son cintre. Elle est éclairée par 17 grandes *fenêtres* cintrées, qui ouvrent sur le parc, sur ses parterres d'eau, sur ses masses d'arbres et sur l'admirable perspective du Grand Canal. En face des fenêtres, leur correspondant et doublant leur lumière, 17 *fausses fenêtres* sont revêtues de *glaces* carrées à biseau, réunies entre elles par des cuivres ciselés et dorés. Entre chaque arcade des vraies et des fausses fenêtres, s'allongent des pilastres de marbre rouge, à chapiteaux de bronze ciselé (feuilles d'acanthe entremêlées de *têtes de coqs*, symbole de la France, de *fleurs de lys*, symbole de la royauté, et de *soleils*, devise personnelle de Louis XIV). Quatre *niches* de marbre renferment des statues de marbre blanc : *Vénus, Pâris, Mercure* et *Minerve*, copies de l'antique, et qui ont remplacé quatre statues antiques qui s'y trouvaient jadis. La corniche est en stuc doré.

Le **plafond**, œuvre colossale, exécuté sur toile par Le Brun et par ses élèves, d'après ses esquisses et ses modèles, comprend à la voûte 6 grands motifs principaux et 22 petits, intercalés entre les grands; 2 autres peintures planes se trouvent à chaque extrémité, au-dessus des portes des Salons de la Guerre et de la Paix. Toutes ces compositions représentent *les Guerres et les Victoires de la France* contre la Hollande, l'Allemagne et l'Espagne, *la Paix* imposée par Louis XIV à ses ennemis, les *Ambassades* envoyées par lui à tous les peuples de la terre, *la Protection qu'il accorde aux Arts et à son Peuple, les grandes Fondations* par lesquelles il illustra son règne. C'est, comme nous l'avons dit pour les peintures du Salon de la Guerre, un des plus vastes monuments élevés à la gloire et à l'orgueil d'un homme qui, il faut d'ailleurs le reconnaître, symbolisait pour tous la France et la patrie.

L'ameublement de la Grande Galerie était fait en majeure partie, comme celui des Grands Appartements, de meubles, tables, sièges, guéridons, torchères, buires et aiguières en argent filigrané et ciselé, naturel ou doré; il y avait aussi des tables d'albâtre, venues d'Italie, et des vases décoratifs en porphyre rouge. Deux immenses tapis de la Savonnerie couvraient le plancher. Les rideaux des fenêtres étaient de damas de soie blanche, au chiffre de Louis XIV, et avaient coûté 1,050 livres chacun (1,200 francs env.). Dans de grands vases d'argent on mettait des orangers, surtout à l'époque de leur floraison. Presque tout le mobilier avait été fabriqué, sculpté et ciselé aux Gobelins, qui n'étaient pas seulement alors une manufacture de tapisseries, mais de toutes sortes d'objets d'art. C'est dans la Grande Galerie que se dressait souvent le trône royal, où Louis XIV prenait place, vêtu d'un justaucorps et d'un chapeau constellés l'un et l'autre de diamants, pour une valeur de plus de 60 millions. Dans la Grande Galerie également se donnèrent jusqu'à la Révolution les bals et les fêtes de la cour, notamment les bals masqués ; dans l'un de ceux-ci, Louis XV parut déguisé en if.

Enfin c'est ici que, par un amer retour du sort, le 18 janvier 1871, le roi de Prusse Guillaume ceignit pendant nos désastres la couronne impériale d'Allemagne. — Plus près de nous, une brillante réception y fut faite à l'empereur et à l'impératrice de Russie, le 8 octobre 1896.

Deux portes, garnies de glaces, s'ouvrent dans la Galerie, face aux fenêtres du parc. Nous allons jusqu'à la seconde, qui nous donne entrée dans la salle de l'Œil-de-Bœuf.

L'Œil-de-Bœuf (S. 123), ainsi appelé de la petite fenêtre ovale en *œil-de-bœuf*, pratiquée au-dessus de la fenêtre du fond de la pièce (un autre faux œil-de-bœuf se trouve au-dessus de la cheminée), servait d'antichambre à la Chambre du Roi. La pièce a conservé depuis Louis XIV sa belle décoration, parmi laquelle on remarque surtout la **frise** de stuc doré, qui court à la base du plafond et qui représente, sur un réseau d'or, des *Jeux d'enfants* (les uns courent après des oiseaux ; d'autres jouent avec des lions et autres animaux sauvages ; d'autres encore sautent, dansent, jouent avec des armes) ; elle est l'œuvre des sculpteurs Van Clève, Hurtrelle et Flamen. — Sur la cheminée, **buste de Louis XIV** par Coysevox, d'un aspect ample et magnifique. — Belle *table* de l'époque. — Curieux tableau de Nocret, représentant en costumes mythologiques, suivant un usage assez fréquent alors, **Louis XIV et sa famille** (Louis XIV, demi-nu, est en *Apollon* ; un peu au-dessous, Marie-Thérèse, sa femme, en *Mère des Amours* ; debout derrière lui, Mlle de Montpensier, sa cousine, en *Diane* ; Monsieur, son frère, en *Étoile du matin* ; Anne d'Autriche, sa mère, en *Cybèle* ; Henriette d'Angleterre, première femme de Monsieur, en *Flore*). — Plusieurs *Portraits* royaux, par Mignard, De Troy et Beaubrun.

L'Œil-de-Bœuf fut établi, en 1701, sur l'emplacement de deux pièces dont l'une était jusqu'alors la Chambre du Roi ; c'est dans cette Chambre que Molière avait exercé, pendant quelque temps, ses fonctions de tapissier. Lorsque fut faite la chambre actuelle, l'Œil-de-Bœuf devint un salon d'attente où les princes et les nobles (d'où son autre nom de *Salon des Nobles*), admis au Lever du Roi, attendaient son réveil et la faveur insigne d'être admis près de lui. La porte de la chambre s'ouvrait à deux battants pour le dauphin et les princes du sang, à un battant pour les autres personnes, et se refermait aussitôt. Cet usage se conserva pour tous les rois, jusqu'à la Révolution, et Sébastien Mercier nous a laissé de l'Œil-de-Bœuf un pittoresque tableau : « Là vit un Suisse carré et colossal. Il boit, mange et dort dans cette antichambre et n'en sort point. Un simple paravent sépare son lit et sa table des puissances de ce monde. Douze mots sonores ornent sa mémoire et composent son service : — *Passez, messieurs, passez ! — Messieurs, le Roi ! — Retirez-vous ! — On n'entre pas, monseigneur !* — Et monseigneur file sans mot dire. Aucune dignité ne lui en impose. Il ouvre pour le maître. Le reste de la terre est égal à ses yeux. Ses étrennes montent à 500 louis d'or, car on n'oserait offrir à cette main un métal aussi vil que l'argent. »

On arrivait directement à l'Œil-de-Bœuf par l'Escalier de Marbre, donnant sur la Cour de Marbre, et où conduisent 2 Salles qui s'ouvrent à dr. (Antichambre et Salle des Gardes du Roi; S. 121 et 120; p. 43).

La Chambre du Roi, ou Chambre à coucher de Louis XIV,

Cl. P. Grayer.

Chambre de Louis XIV.

ouvre à g. dans l'Œil-de-Bœuf. Elle donne, comme cette pièce, sur la Cour de Marbre (*V.* p. 20) dont ses fenêtres, exposées au soleil levant, occupent le centre. Elle fut faite pour Louis XIV, par Mansart, en 1701, lors du dernier remaniement du château. Elle offre un grand intérêt. La décoration, en boiseries sculptées blanc et or, a été conservée. Une balustrade dorée sépare le lit du reste de la chambre; elle est authentique. Le lit est une inexacte reconstitution du temps de Louis-Philippe (le lit de Louis XIV était à colonnes et à rideaux entièrement clos), mais la tenture de la housse et du dais, formée de morceaux assortis tant bien que mal, est ancienne; elle provient, croit-on, du lit de parade du Salon de Mercure (p. 27) et ses compositions mythologiques auraient été brodées par *Delobel*, premier tapissier du roi. La merveilleuse courte-pointe en dentelle, aux chiffres enlacés de Louis XIV et de Marie-Thérèse, fut exécutée vers 1682, pour le lit même de la Reine. — De chaque côté du lit, *fauteuils* anciens (ceux qui figuraient sous Louis XIV étaient de velours cramoisi) et deux beaux **meubles de Boulle**, en bois incrusté de cuivre et de marqueterie. — **Bénitier** royal, acheté et sauvé, à l'époque de la Révolution, par une vieille dame de Versailles. — **Figure de cire de Louis XIV**, par Antoine Benoist, coiffée d'une perruque peut-être portée par le roi, image d'un réalisme impressionnant et l'une des plus précieuses figures que nous possédions de Louis XIV (il avait alors 68 ans). — Sur les murs, qui étaient tendus pendant l'hiver de tapisseries de velours, pendant l'été de brocart de Lyon, fond violet et cramoisi, deux *tableaux* religieux de l'école des Carrache, ont remplacé un *Saint Jean à Pathmos*, attribué à Raphaël (actuellement au musée de Marseille), et le *David jouant de la lyre*, revenu à Versaille (Salon de Diane, p. 26), qui y figuraient sous Louis XIV. — Deux grands *candélabres*, en bois sculpté et doré, de l'époque de Louis XVI. — Le plafond présente son ancien aspect ; au-dessus du lit, grand cintre décoré de **sculptures en stuc doré** de Nicolas Coustou (Renommées tenant des trompettes et, au centre, la France veillant sur le Roi, avec la couronne et le sceptre, parmi des trophées). Dans le reste de la pièce, deux *cheminées*, de l'époque Louis XV ; sur celle de g. (en regardant le lit), beau **buste**, vibrant de vie, de la **Duchesse de Bourgogne** (belle-fille de Louis XIV et mère de Louis XV), par Coysevox. — Dans les médaillons qui sont au-dessus des portes (celles-ci étaient garnies de portières de velours), portraits de *Louis XIII* (d'après Ph. de Champaigne), d'*Anne d'Autriche* (par Mignard), du *Duc de Bourgogne*, fils de Louis XIV (d'après Rigaud), et de la *Duchesse de Bourgogne* (d'après Santerre), qui ont été mis en place sous Louis-Philippe et ont remplacé les tableaux anciens qui avaient été enlevés, dont deux Van Dyck. — Au-dessus de la corniche, *Les Quatre Evangélistes*, peints par Valentin, qui y figuraient sous Louis XIV.

Les souvenirs pittoresques se pressent, nombreux, dans cette chambre. C'est ici qu'avait lieu la *cérémonie du lever*, où assistaient ceux qui avaient l'honneur de l'*entrée*, dite *petite* ou *grande*, selon le moment où l'on était admis. Le valet de chambre, entre 8 heures et 8 heures 1/2, écartait les rideaux du lit, où Louis XIV, en bonnet de nuit, s'essuyait d'abord le visage, puis se lavait les mains dans de l'esprit-de-vin, au-dessus d'une assiette de vermeil. Il faisait ensuite sa prière, pendant 1/4 d'heure env. Après avoir choisi la perruque qu'il porterait, il sortait du lit, chaussait ses mules et, passant sa robe de chambre, s'asseyait dans son fauteuil. Le Grand Chambellan lui enlevait son bonnet de nuit, lui passait une perruque provisoire et, tout en donnant audience à ceux qui étaient présents, Louis XIV mettait successivement son haut-de-chausses, ses bas, ses jarretières et ses souliers ; finalement, laissant tomber sa robe de chambre, que deux valets étendaient alors devant lui comme un paravent, il recevait sa *chemise* de jour des mains de celui, prince du sang, noble ou grand dignitaire de la Chambre, qui avait été désigné et qui la lui enfilait. Le *coucher du roi* se faisait avec le même appareil. Les successeurs de Louis XIV, même lorsqu'ils abandonnèrent cette chambre, y revenaient le matin et le soir pour cette cérémonie. — Le *dîner* (ou déjeuner) du roi, qui avait lieu vers 1 heure, à une petite table où seul il prenait place, devant la fenêtre du milieu, ne donnait pas lieu à une moindre étiquette pour l'apport et le service des plats. — C'est dans cette chambre que Louis XIV mourut, le 1er sept. 1715. Il fut exposé ensuite dans la Chambre de Parade (p. 27).

Un souvenir tragique entre tous s'attache à la Chambre du Roi, celui du *6 octobre 1789*, qui fut à Versailles le dernier jour de la royauté. Le peuple de Paris, avec les femmes traînant des canons, avait, la veille, marché sur Versailles. Le château avait failli être envahi par surprise et un certain nombre de Gardes du corps avaient été massacrés (*V*. p. 42). Toute cette cohue redoutable, irritée, campait jusque dans la Cour de Marbre, où elle faisait cuire, à de grands feux, des chevaux pour les manger. La famille royale, Louis XVI, Marie-Antoinette, Madame Elisabeth et les enfants royaux, étaient réunie terrifiée. La Fayette vint, au nom du peuple, demander que la Reine se montrât au balcon ; elle sembla hésiter, puis se décida, tenant d'une main le dauphin, de l'autre sa fille ; le Roi se présenta ensuite et la foule cria : « Le Roi à Paris ! » Louis XVI dut promettre de partir le jour même. C'était pour eux tous la marche à la prison et à l'échafaud.

Le **Cabinet du Conseil** (S. 123), qui fait suite à la Chambre du Roi, date de Louis XV (1755) sous sa forme actuelle ; il formait deux pièces sous Louis XIV : un *cabinet du Conseil* plus petit, prenant jour sur la Cour de Marbre, et un *cabinet des Perruques*, où étaient rangées et classées les perruques royales. — **Ses boiseries**, de bois sculpté et doré, sont **magnifiques** et marquent l'évolution d'un art nouveau, qui a plus de grâce et de délicatesse ; elles sont du sculpteur Antoine Rousseau, qui toucha 21 000 livres pour ce travail. — Belle **cheminée** de marbre rouge, de style Louis XV, avec bronzes ciselés, et belle *pendule*. — Dessus de portes peints par Houasse (*Histoire de Minerve*) et provenant du Grand-Trianon. — La table et l'écritoire sont apocryphes.

C'est ici que Louis XV s'amusait à ouvrir et à lire les lettres privées que lui envoyait la poste de Paris : ici Mme Du Barry jetait au feu, en manière également de distraction, un paquet du courrier d'Etat. Sur la cheminée fut déposé, après l'attentat, le canif dont Damiens avait frappé Louis XV. La *porte de glaces* qui ouvre sur la Galerie des Glaces servit plus d'une fois de « trébuchet », en se refermant sur les dames désirées par le Roi : le valet de chambre Le Bel les attirait habilement et les livrait ensuite à son triste maître. — C'est ici que M. de Brézé vint, le 23 juin 1789, annoncer à Louis XVI éperdu la résistance des députés du Tiers Etat, sommés de se disperser, et la fameuse réponse de Mirabeau qu'ils n'obéiraient qu'à la force des baïonnettes.

Sur le Cabinet du Conseil s'ouvrent (*très recommandé*) les

Appartements de Louis XV, qui se visitent sous la conduite d'un gardien (petite rémunération d'usage).

[Les **Appartements de Louis XV**, ou **Cabinets du Roi**, furent aménagés par ordre de Louis XV, à partir de 1738, afin de lui donner plus de commodité que les appartements fastueux de Louis XIV et lui permettre une sorte de vie libre et privée, en dehors des lois de l'étiquette et de la cour. — CHAMBRE DE LOUIS XV (S. 126), magnifiquement décorée de **boiseries** sculptées par Verberckt; une balustrade, disparue, fermait

Cl. P. Gruyer.

Appartement de Louis XV.

le renfoncement de l'alcôve. **Tapisseries** des Gobelins (*Histoire de Don Quichotte*). Les anciens *dessus de portes* ont été remplacés par des portraits des Filles de Louis XV. Même quand il habita cette chambre, Louis XV se rendait chaque matin et chaque soir dans la chambre officielle de Louis XIV, pour la cérémonie du lever et du coucher; Louis XVI, qui l'habita après lui, fit de même. C'est ici que Louis XV, atteint de la petite vérole, fut ramené du Petit-Trianon, le 17 avril 1774. Il y mourut le 10 mai et, le 12 mai, son cadavre horriblement gangréné, ayant été mis au cercueil, était placé dans un carrosse, à 8 heures du soir, pour être emporté à Saint-Denis au grand trot, à la lumière des torches, tandis que le peuple de Versailles criait sur son passage : « Taïaut ! Taïaut ! » Une porte dans l'alcôve ouvre sur un petit *cabinet de garderobe* (fermé), de l'époque Louis XVI. — CABINET DE LA PENDULE (S. 127). Elle présente la même magnifique décoration de bois sculpté, par Verberckt, véritable dentelle d'or. Son nom lui vient de la **pendule de Passement,** exceptée de la vente générale du château et transportée au

Garde-Meuble pendant la Révolution, revenue auj. à son ancienne place ; c'est une pièce merveilleuse, exécutée en 1753 (ciselure de Caffiéri), surmontée d'un globe de cristal et qui marque les phases du soleil, de la lune et des planètes, selon le système de Copernic. Sur le sol de la pièce, *méridienne de cuivre*, attribuée à Louis XVI, mais qui date également de Louis XV. *Cheminée* en marbre gris-violet. *Dessus de portes* refaits dans le style de la pièce. *Tables en stuc*, figurant les plans des Forêts Royales. — CABINET DES CHIENS (S. 128), appelé aussi *Cabinet des Chasses*, sans doute à cause de sa jolie *frise* en stuc, représentant des scènes de chasse. La pièce était occupée par les laquais et par les chiens privés du roi, qui y avaient des niches et des banquettes. On y voit des portraits (rapportés) d'artistes de l'époque de Louis XIV (Le Brun, Van der Meulen, Mansart, Pierre Puget, Coysevox), de Louis XIV, de Colbert et de Louvois. C'est dans cette pièce qu'aboutit l'*escalier intérieur du Roi*, par lequel celui-ci descendait directement de ses petits appartements dans la Cour Royale, ou montait chez Mme Du Barry et chez ses maîtresses (*V.* ci-dessous). En bas de cet escalier, il fut, le 5 janvier 1757, frappé par Damiens d'un coup de canif, sans grande conséquence d'ailleurs, ce qui n'empêcha pas que l'on soumit le pseudo-meurtrier à d'effroyables tortures. — SALLE A MANGER (S. 129). Salle à manger privée de Louis XV, qui y mangeait souvent soit avec ses filles, soit avec Mme de Pompadour ; on y soupait aussi après le retour de la chasse. La décoration de ses boiseries est simple et délicate. Sous une table, entre les fenêtres, *outils de serrurie* de Louis XVI (*V.* ci-dessous). *Tableaux* sur porcelaine (Chasses de Louis XVI). Petits *bustes* de Louis XV et de Marie Leczinska. *Pendule* en porcelaine, de l'époque Louis XV. La pièce prend jour sur la **Cour des Cerfs**, en partie défigurée ; son nom lui vient de têtes de cerfs, sculptées et peintes, qui en ornaient les murs. On y faisait la curée sous Louis XIV.

Ici se termine la visite des Appartements de Louis XV. Ils renferment un certain nombre d'autres pièces, soit de son époque, soit remaniées sous Louis XVI, et que l'on ne visite pas actuellement. — **Au** dessus de ces appartements s'étend, sur la Cour de Marbre, et sous les combles du toit, *l'appartement Du Barry*, à demi ruiné, où Louis XV montait voir sa maîtresse par l'escalier intérieur qui ouvre sur le Cabinet des Chiens (*V.* ci-dessus). — Sur la cour des Cerfs donnent un certain nombre d'autres pièces, où Louis XV divertissait son ennui à faire de la pâtisserie, de la cuisine et des objets travaillés au tour. — Enfin, aux étages supérieurs, une petite forge, dite *Forge de Louis XVI*, rappelle le goût que ce monarque avait pour la serrurerie. Il y travaillait en compagnie du serrurier Gamain, avec lequel il fabriqua la fameuse armoire de fer où il renferma, lors de la Révolution, et emporta aux *Tuileries* d'importants papiers secrets. Gamain, victime d'un empoisonnement, qui est demeuré un problème historique et dont il s'imagina d'accuser le roi, trahit le secret de l'armoire de fer et contribua ainsi à la condamnation de Louis XVI. Tous ces dédales intérieurs sont fermés au public.]

Revenu dans le Cabinet du Conseil, on rentre directement dans la Galerie des Glaces, que l'on suit à nouveau vers la g., jusqu'à son extrémité, où se trouve le Salon de la Paix.

Le Salon de la Paix (S. 114) fait pendant au Salon de la Guerre (p. 28), avec une ornementation semblable, et marque le tournant du palais vers l'Aile S., l'Orangerie et la Pièce d'eau des Suisses. — *Cheminée* de marbre vert, ornée de 2 vases de porphyre et d'une *Cléopâtre* (ou *Ariane*) antique (copie). — Au-dessus de la cheminée, *Louis XV donnant la paix à l'Europe*, par F. Le Moine (1729; une paix générale avait été signée deux ans avant). — Le **plafond**, de l'époque de Louis XIV, peint par Le Brun, est tout à la gloire de la *Paix* qui, dans le motif central, précède la *France*, tirée sur un char par quatre tourterelles; les autres nations sont, tout autour, représentées heureuses et tranquilles. — Le Salon de la Paix était le *Salon de Jeu* de la Reine, dont commencent les Appartements.

Chambre de la Reine (S. 115). Elle date de Louis XIV, mais a été remaniée sous Louis XV et Louis XVI. Une balustrade d'argent, remplacée par une autre de bois doré, séparaient, comme dans la Chambre du Roi, le lit de la reine du reste de la pièce; la même cérémonie du lever et du coucher y avait lieu. Les pitons du dais du lit se voient encore. Les anciens lambris de marbre furent remplacés, sous Louis XV, par des tapisseries et par trois grandes glaces dont les cadres furent sculptés, croit-on, par Verberckt. Louis-Philippe en fit détruire deux, qu'on a dessein de rétablir, d'après la **glace** de l'entre-fenêtres. — Sur les murs, **tapisseries de l'Histoire d'Esther**, d'après De Troy (*Évanouissement*, *Repos* et *Couronnement d'Esther*). — Dessus de portes : *La Jeunesse et la Vertu présentent à la France les filles de Louis XV*, par Natoire; *La Gloire s'empare des enfants de France* (le fils de Louis XV et ses deux sœurs aînées), par De Troy. Les *boiseries* des portes sont de 1748. — Au plafond : dans la voussure, 4 **camaïeux** de Boucher (*la Charité*, *l'Abondance*, *la Fidélité*, *la Prudence*); au centre, *coupole en perspective*, avec une mosaïque tournante; les *sculptures* ornementales des angles sont en stuc doré (Couronnes, Sphinx ailés, Lions, Aigles de la maison d'Autriche) et furent exécutées par *Rousseau*, pour Marie-Antoinette; leur large style rappelle l'époque de Louis XIV. — Dans le fond de la pièce, au-dessus de deux petites portes sous tenture, *Marie Leczinska*, femme de Louis XV, par Nattier (à dr.), et *Marie-Antoinette*, par Mme Vigée Le Brun (à g.).

Dans cette chambre a habité et est morte (30 juillet 1683) Marie-Thérèse, femme de Louis XIV; Philippe d'Anjou, qui devint roi d'Espagne, petit-fils de Louis XIV, y est né, ainsi que Louis XV (15 février 1710). Marie Leczinska, femme de ce dernier, y a donné le jour à 10 enfants, dont 8 filles, et y est morte le 24 juin 1768. Marie-Antoinette y mit au monde 2 fils et 2 filles, dont le Petit Dauphin, mort au Temple. Ces accouchements des enfants royaux devaient être publics : sous Louis XIV, on n'y admettait que la noblesse et quelques valets, mais peu à peu tout le monde fut autorisé à entrer et, lors du premier accouchement de Marie-Antoinette, la chambre fut envahie par une telle cohue de gens du peuple, qui montaient jusque sur les meubles, que la reine faillit être étouffée. On abolit alors cette coutume. — Lorsque le roi se rendait chez la reine, il était obligé de passer, en bonnet et en camisole de nuit, par l'Œil-de-Bœuf et devant tous ceux qui étaient là, pour prendre un corridor ouvrant dans la Chambre de la Reine (*V.* ci-dessous). Sous Louis XVI seulement, un passage secret, dit *Passage du Roi*, fut établi sous l'Œil-de-Bœuf, à travers de petits entresols très bas, ménagés dans le plancher entre le rez-de-chaussée et le 1er étage. Il aboutissait aux Petits Appartements de la Reine (*V.* ci-dessous).

Deux portes sous tenture se trouvent dans les panneaux du fond de la Chambre de la Reine. Celle de g. ouvre sur un *corridor* qui communique avec l'Œil-de-Bœuf et par où le roi venait primitivement chez la reine (*V.* ci-dessus). C'est par là que Marie-Antoinette se réfugia près de Louis XVI, le 6 oct. 1789, lorsque l'émeute eut envahi le château. — L'autre porte ouvre sur les **Cabinets de la Reine** ou **Petits appartements de Marie-Antoi-**

Cl. P. Gruyer.

Salon de Marie-Antoinette.

nette. On visite (*très recommandé*) sous la conduite d'un gardien (petite rémunération d'usage). — *N.-B. Comme on ne sort pas, la visite finie, par la même pièce, mais par la Salle des Gardes de la Reine (p. 41) on visitera, avant d'entrer, les 2 pièces en façade sur le parc qui font suite à la Chambre de la Reine : Salon de la Reine (S. 116 ; p. 40) et Antichambre de la Reine (S. 117 ; p. 41); on reviendra ensuite aux Petits Appartements.*

[Les **Petits Appartements de Marie-Antoinette**, plus exactement *Cabinets de la Reine*, étaient sous Louis XIV des dépendances peu importantes de l'appartement de la reine et Marie-Thérèse y avait un oratoire. Le duc et la duchesse de Bourgogne (fils et belle-fille de Louis XIV) les habitèrent quelque temps. Ils furent aménagés et complétés de 1728 à 1730, puis en 1746, pour Marie Leczinska, qui aimait à s'y retirer dans le calme, à y prier, lire, peindre et méditer. Leur aspect actuel et leur **merveilleuse décoration** datent de Marie-Antoinette, d'où le nom qu'ils portent ordinairement de *petits appartements de Marie-Antoinette*. Ce sont des pièces basses, sur une cour triste, où le soleil ne pénètre qu'aux jours d'été. C'était, dans ce vaste palais, le seul refuge intime où la reine pouvait, comme le roi dans ses Petits Appartements (*V.* p. 35), se soustraire à l'ennui de l'étiquette, à l'incommodité des pièces de parade, et vivre un peu de la même vie que le commun des mortels. Il ne faut pas oublier d'ailleurs que Marie-Antoinette disposait d'autres pièces particulières au rez-de-chaussée, auj. détruites, et, en dehors du palais même, du Petit-Trianon où elle se rendait perpétuellement. — BOUDOIR ou PETITE MÉRIDIENNE DE LA REINE. Pièce exquise, à pans coupés, remaniée pour Marie-Antoinette, vers 1781, d'après les dessins de l'architecte Micque. Dans un des pans est la *cheminée*, de marbre rouge, avec cuivres ciselés ; dans deux autres, des *portes de glaces* sans tain. Autour de ces glaces, admirables **ciselures** de cuivre (sans doute de Gouthière ou Forestier), figurant la tige d'un rosier fleuri, entremêlé de lacs, torches, cœurs percés de flèches ; à la base, l'aigle d'Autriche ; les verrous sont au chiffre de Marie-Antoinette. Charmantes *boiseries* dorées et, face à la fenêtre, **niche de glaces** avec un canapé. — BIBLIOTHÈQUE (ancien atelier de peinture de Marie Leczinska : remaniée pour Marie-Antoinette). Élégantes *armoires vitrées*, de style Louis XVI, blanc et or ; en dessous des vitrines, tiroirs à estampes avec la double tête de l'aigle autrichien ; charmantes *figurines de Sèvres* représentant des personnages de la Comédie du Petit-Trianon. Aux portes, dos de livres reliés, en trompe-l'œil. — PETITE BIBLIOTHÈQUE (Cabinet de Bains sous Marie Lec-

Marie-Antoinette, par Le Comte.

zinska), où se tenaient les femmes de chambre de la reine ; *armoires vitrées* à rideaux de soie bleue ; *coffret* en soie peinte à la gouache, offert à Marie-Antoinette par la ville de Paris, en 1782, pour contenir la layette du Dauphin. — GRAND CABINET OU SALON DE LA REINE. C'est la pièce capitale, par son ensemble décoratif (1783) et par les souvenirs qui s'y rattachent. La décoration des **boiseries** est l'œuvre des frères Rousseau et du style Louis XVI le plus typique ; on y sent l'influence grandissante de l'Antiquité et naître le futur style Empire, qui se mêle encore ici à une grâce toute française (sphinx ailés à tête de femme, avec un gland autour du cou, trépieds fumants, lyres, guirlandes et bouquets de roses, médaillons fleurdelisés ; à la base des panneaux, amours aux yeux bandés). **Niche de glaces**, semblable à celle de la petite Méridienne, au cintre drapé de soie (un curieux effet de glaces fait qu'en s'y regardant, à une certaine place, on s'y voit sans tête ; lorsque Marie-Antoinette eut été guillotinée, une légende se forma qu'elle en aurait eu un jour le pressentiment en se voyant ainsi dans cette glace). Belle **cheminée** de marbre rouge, à ornements et à cariatides de cuivre doré ; petite *pendule* en porcelaine, marbre et bronze, ayant appartenu à Marie-Antoinette. **Meubles** (rapportés) élégants et fins, du même style de transition que les boiseries de la pièce (*table* ronde en acajou, à têtes égyptiennes), et **lustre** ciselé par Gouthière (amours assis à la base d'une torche). **Buste** de Marie-Antoinette, par Pajou, au front étroit, aux yeux proéminents. C'est dans cette pièce que se tenait le plus souvent Marie-Antoinette ; elle y avait une harpe, un clavecin, sa corbeille à ouvrage. Elle y réunissait sa société intime, les Polignac, les Guines, les Coigny, les Vaudreuil, les Guiches, qui ne valait guère au point de vue moral et qui lui fit tant de tort dans l'opinion publique. C'est ici que le duc de Lauzun osa lui faire une déclaration d'amour, à la suite de laquelle il fut banni de sa présence ; ici elle reçut Gluck et posa pour les portraits de Mme Vigée Le Brun. La petite cour, si triste, sur laquelle donnent les fenêtres, était alors un peu égayée par un parterre. — SALLE DE BAINS, pavée de carreaux noirs et blancs ; on voit encore la place de la baignoire (elle a été ultérieurement transportée à Fontainebleau) et des robinets. La reine s'en servait peu et se baignait d'ordinaire dans sa chambre. Belle *pendule*. — CHAMBRE DE REPOS, auj. SALON JAUNE (tentures de soie modernes), pièce étroite où dormait parfois la surintendante de Marie-Antoinette. *Tableau*, avec cadre doré en deux tons, peint par Marie Leczinska. C'est un paysage (copie) avec des vaches, des moutons, une ferme ; on y lit : « Marie, reine de France, fecit 1753 ». — On sort des Petits Appartements par la *Salle des Gardes de la Reine* (S. 118 ; p. 41).]

Salon de la Reine (S. 116), dit aussi *Salon des Nobles*. C'est là que se tenait le *Cercle de la Reine* et que se faisaient les présentations ; le siège de la reine était au fond de la pièce, sur une estrade couverte d'un dais (les pitons sont encore dans la corniche du plafond). Les reines y étaient exposées après leur mort et le public admis à défiler devant elles. Aux murs, **tapisseries des Gobelins** représentant : *Sacre de Louis XIV à Notre-Dame* (à dr.) ; *Traité d'alliance de Louis XIV avec les Suisses* (à g.) ; *Louis XIV visite la Manufacture des Gobelins* (au centre ; cette dernière tapisserie, très intéressante, nous montre ces meubles et ces vases d'argent fabriqués aux Gobelins pour Versailles et qui furent plus tard fondus à la Monnaie; *V.* p. 24). — Admirable **armoire à bijoux** de Marie-Antoinette, de style Louis XVI, avec ciselures dorées et médaillons de porcelaine blanche et bleue (elle provient du château de Saint-Cloud). — Les *boiseries* des portes sont du temps de Louis XIV et de Louis XV; les anciens lambris de marbre ont disparu. — **Plafond** médiocre de Michel Corneille (époque de Louis XIV) : *Mercure protège les Arts et les Sciences.* Aux angles, Figures allégoriques.

Antichambre ou **Salle du Grand Couvert de la Reine** (S. 117). Le **plafond** représente *la Famille de Darius aux pieds d'Alexandre le Grand*, copie du même tableau de Le Brun, qui est au Louvre; aux voussures, 6 camaïeux, peints en bronze, représentant des *Reines illustres* (Rodogune, Artémise, Zénobie, etc.). Aux murs, **tapisseries des Gobelins** : *Reddition de Marsal*; *Prise de Lille*; *Audience de l'ambassadear d'Espagne*; *Audience du nonce du Pape, présentant réparation à Louis XIV*; au centre, les *Armes de la Couronne.*

C'est dans cette pièce, où la duchesse de Bourgogne se fit donner la comédie pendant qu'elle était enceinte de Louis XV, en 1710 (on lui joua *Polyeucte* et le *Misanthrope*), que les reines de France mangeaient au *grand couvert*, soit seules, soit avec le roi, les fils et les petits-fils de France. Le public était admis à assister à ces repas et cette coutume prit surtout de l'extension avec Marie Leczinska, qui dînait (c'est-à-dire déjeunait) ainsi tous les jours. Marie-Antoinette en fit autant, lorsqu'elle était dauphine. « Les huissiers, raconte Mme Campan, laissaient entrer tous les gens proprement mis et ce spectacle faisait le bonheur des provinciaux; à l'heure des dîners, on ne rencontrait dans les escaliers que de braves gens qui, après avoir vu la dauphine manger sa soupe, allaient voir les princes manger leur bouilli (ils étaient astreints à la même coutume) et Mesdames-tantes manger leur dessert. » Une fois reine, Marie-Antoinette abolit cet usage.

Salle des Gardes de la Reine (S. 118; c'est ici que l'on sort des Petits-Appartements de Marie-Antoinette, *V.* p. 39). Elle a conservé toute sa **décoration de marbres de couleur** de l'époque de Louis XIV; seul, un plancher a remplacé l'ancien dallage de marbre. — Sur la cheminée et autour de la pièce, *vases de porphyre* du style Louis XIV; au-dessus de la cheminée, le *Grand-Dauphin et sa famille*, copie ancienne d'après Mignard; en face de la cheminée, la *Duchesse de Bourgogne*, par Santerre. — *Table* de bois sculpté et doré, du style Louis XIV, avec marqueterie de marbre, et esquisse de *L'Hiver*, par Girardon (la statue est au parc). — Intéressante série de **bustes** de marbre, des XVIIe et XVIIIe s. (à g. de la cheminée, *Marie-Antoinette*, par Le Comte; à dr., *Louis XVI*; face à la fenêtre, *Marie Leczinska*, d'un cruel réalisme, par Guillaume Coustou; en face de la cheminée et à contre-jour, bustes avec *curieuses coiffures* de l'époque de Marie-Antoinette. — **Plafond** de Noël Coypel (le Père), un des plus beaux du château : au centre, *Jupiter accompagné de la Justice et de la Piété*; aux voussures, *Ptolémée Philadelphe, Alexandre Sévère, Trajan et Solon*. A la corniche de la pièce, des figures accoudées d'hommes et de femmes, en costume Louis XIV, semblent regarder dans la salle; elles sont admirablement jeunes et fraîches de couleur, et d'un sentiment charmant, tout moderne.

Le 6 oct. 1789, lorsque le peuple de Paris eut envahi le château, un certain nombre d'émeutiers, mal surveillés, débouchèrent, sans savoir où ils étaient, dans la Salle des Gardes de la reine, menaçant d'envahir les Appartements. Deux des Gardes du corps tentent de barrer le passage; le premier. Varicour, est désarmé et entraîné dehors, où on lui coupe la tête; le second. Durepaire, qui a pris sa place, parvient à se dégager et donne le temps à un troisième, Miomandre de Sainte-Marie, de prévenir les femmes de Marie-Antoinette et de leur crier : « Sauvez la reine! » Un instant après, il était terrassé à son tour, mais la reine avait eu le temps de fuir chez le roi, par l'Œil-de-Bœuf. Nous avons dit (p. 34) comment Louis XVI dut promettre, peu après, de rentrer à Paris.

Cl. P. Gruyer.

Louis XVI, par Houdon.

De la Salle des Gardes de la Reine on passe, à g., sur le palier de l'Escalier de Marbre.

L'Escalier de Marbre, ou **Escalier de la Reine**, date de Louis XIV; commencé par Le Vau et terminé par Mansart, il faisait pendant à l'Escalier des Ambassadeurs, ou Escalier du Roi, de l'autre côté de la Cour de Marbre. détruit sous Louis XV (*V.* p. 14). Mais c'est lui qui servait le plus souvent, même au Roi, l'autre étant réservé pour les grandes cérémonies; par cet escalier montaient toutes les personnes qui se présentaient au château. Sa **décoration de marbre** et d'appliques dorées est conservée, et d'une grande beauté. — Au palier supérieur, **niche** avec un groupe d'Amours (en alliage doré de plomb et étain), par Massou, soutenant un écusson aux chiffres enlacés de

la Reine et du Roi, parmi des carquois, des torches, des colombes ;
au-dessus des portes, beaux Sphinx ornementaux, d'une large
et puissante facture ; les chapiteaux et la base des pilastres sont
en bronze ciselé et doré. — Belle **loggia** ou vestibule, ouvrant
sur la Cour de Marbre. — Grande peinture **en trompe-l'œil**, à
la mode italienne, figurant un palais en perspective, par Meus-
nier (l'architecture), Poerson (les figures) et Blain de Fontenay
(les fleurs). — A la base de l'escalier, qui descend à la Cour de
Marbre, beau *buste de Louis XIV*, par Warin.

[Par l'Escalier de Marbre on peut sortir, si l'on est pressé, par la
Cour de Marbre. — L'Escalier de Stuc. qui lui fait suite sur le palier
du 1er étage, monterait à l'*Attique du Midi* et *de Chimay* (p. 60).]

Traversant le palier de l'Escalier de Marbre, on passe dans la
loggia qui regarde sur la Cour de Marbre.

[A g. s'ouvrent la **Salle des Gardes du Roi** (S. 120 ; cheminée et corniche anciennes, le reste de la pièce a été remanié ; curieux tableau
du *Carrousel* donné par Louis XIV aux Tuileries, le 5 juin 1662), et
l'**Antichambre du Roi** (S. 121 ; Louis XIV y soupait en public et il y
recevait les placets, tous les lundis ; remaniée comme la précédente ;
tableaux), par où on arrivait, de l'Escalier de Marbre, à l'Œil-de-Bœuf
et à la Chambre du Roi (p. 31).]

On prend, à dr. de la loggia, une porte qui ouvre sur l'**appartement de Mme de Maintenon**. — Cet appartement, qui
fut donné à Mme de Maintenon par Louis XIV, en 1682, et joua
un grand rôle historique, a été complètement défiguré sous
Louis-Philippe. *Il est auj. garni d'intéressants tableaux représentant des personnages de la cour de Louis XIV et un certain nombre
des artistes qui travaillèrent à Versailles.*
ANTICHAMBRE (S. 141). — Elle formait deux petites pièces, par
où le roi venait chez Mme de Maintenon, épousée secrètement.
— **Sébastien Bourdon. Fouquet.** — *Belle.* Le sculpteur Louis Le
Rambert. — *Lallemant.* Berbier du Metz (intendant des meubles
de la Couronne). — *Inconnu.* Le Grand-Dauphin (fils de Louis XIV).
— *Lallemant.* Ch. Perrault (l'auteur des *Contes*). — *Inconnu.* Le
sculpteur Girardon. — *Claude Lefebvre.* Colbert.
CHAMBRE A COUCHER (S. 142), où le lit était placé dans une
alcôve étroite. Ce fut à cette époque le centre du gouvernement
et Louis XIV venait travailler ici, à la fin de la journée, avec
ses ministres. Mme de Maintenon était assise dans un fauteuil
avec une niche de damas rouge, à côté de la cheminée, qui a
disparu ; le roi de l'autre côté. — *Inconnu.* Mme de Sévigné. —
Le Brun. Turenne. — **P. Mignard. Le comte de Toulouse enfant**
(fils de Louis XIV et de Mme de Montespan). — *Inconnu.*
Louis XIV. — *Inconnu.* Le maréchal de Rantzau. — *Inconnu.*
Pascal. — *Van der Meulen.* Louis XIV à Vincennes ; Louis XIV

à Fontainebleau. — *Ant. Coypel.* L'orfèvre Claude Ballin (vases de bronze du parc). — *Dequoy.* Marquise de Louvois. — *Inconnu.* Philippe d'Orléans (le Régent), jeune homme. — **J. Nocret.** **Mlle de la Vallière.** — *Inconnu.* Louis XIV fonde l'Académie des Sciences (esquisse). — **Tournières.** Dufresnoy, **Crébillon,** auteurs dramatiques, et **Bodin,** médecin du roi (charmant tableau d'intérieur). — *Inconnu.* Destouches (auteur dramatique).

PETITE PIÈCE à la suite. — **Ecole de Mignard. Mme de Montespan.** — *Inconnu.* Le cabinet du Grand-Dauphin (rez-de-chaussée de Versailles; salle 49), vers 1690. — **Antoine Benoist. Louis XIV** (dessin pour la cire de la Chambre du Roi; 1706). — *Mignard* (d'après). Mme de Maintenon. — *Ant. Coypel.* Les Ambassadeurs marocains à la Comédie italienne (1682; charmant petit tableau). — *Inconnu.* La Bruyère.

GRAND CABINET (S. 143), où fut répétée devant le roi l'*Esther* de Racine, jouée à Saint-Cyr (1689), et où fut jouée *Athalie* (1702) par les princes et princesses de la cour. — *Rigaud* (d'après). Le Grand-Dauphin. — **Mignard. La duchesse du Maine enfant** (de la famille des Condé; épousa à Versailles le duc du Maine, fils de Louis XIV et de Mme de Montespan; elle fait des bulles de savon). — **H. Rigaud. Le marquis de Dangeau.** — **Mignard** (d'après). **Sa fille, Catherine Mignard.** — *J.-B. de la Rose.* Visite à l'arsenal de Marseille. — *Inconnu.* Le duc du Maine. — *Louis Silvestre.* Louis XIV reçoit à Fontainebleau (1714) le prince de Saxe. — *Inconnu.* Jean Warin (sculpteur et graveur en médailles). — **Ant. Coypel. Louis XIV reçoit les envoyés persans dans la Galerie des Glaces (1715).** — *H. Rigaud.* Boileau; la Princesse Palatine (belle-sœur de Louis XIV et mère du Régent). — **Ferdinand Elle. Mme de Maintenon** (sa nièce, mariée en 1690 au duc de Noailles, maréchal de France, est à côté d'elle; dans le fond, on voit la maison royale de Saint-Cyr, d'où provient le tableau). — *Ph. Vignon.* Mlle de Blois et Mlle de Nantes (filles de Louis XIV et de Mme de Montespan; un nègre leur offre des fleurs). — *Vivien.* Le peintre Jean Le Moyne; Fénelon. — *Le Bouteux.* Le peintre Rigaud.

La **salle 144** ramène à la façade du parc, sur les parterres du Midi. — *Ant. Pezey.* Louis XIV reçoit le serment de Dangeau dans l'ancienne chapelle de Versailles (1695; cette chapelle, qui précéda la chapelle actuelle, occupait la place du Salon d'Hercule, 1er étage et rez-de-chaussée). — *Gilles Allou.* Le sculpteur Coysevox. — *H. Rigaud.* Le fondeur J. Jacques Keller et (en pendant) son frère J. Balthasar Keller (on leur doit les admirables bronzes des Parterres d'Eau du parc). — *Inconnu.* Vauban. — **H. Rigaud. Mignard.** — *Inconnu.* Racine. — **F. de Troy. Mansart.** — *Largillière.* Le sculpteur Jean Thierry. — **Largillière. Son portrait.** — *Carlo Maratta.* Le Nôtre (célèbre dessinateur du parc de Versailles). — *Mignard.* Philippe d'Anjou (petit-fils de Louis XIV et futur roi d'Espagne). — **Mignard. Colbert.** — *Inconnu.* Molière. — *H. Rigaud.* Le sculpteur Martin Desjardins. — *Inconnu.* Louis XIV préside le Conseil de justice (vers 1670).

[A dr. de cette salle, **Grande Salle des Gardes** (S. 140), où les rois lavaient les pieds, le Jeudi-Saint, à treize enfants pauvres. Cette vaste salle a été complètement défigurée sous Louis-Philippe. Plafond, par Callet : *Allégorie à la gloire du 18 Brumaire* (le vaisseau de l'État, que

Cl. P. Gruyer.

Galerie des Batailles.

domine la France victorieuse, surgit au port, où l'amarrent des lauriers). Dessus de portes peints par Gérard et qui étaient destinés au Louvre (*le Courage, le Génie, la Générosité, la Constance*). Aux murs, 3 immenses tableaux : **Distribution des Aigles par Napoléon, au Champ de Mars, le 5 décembre 1804,** par J.-L. David ; Bataille d'Aboukir (25 juillet 1799), par Gros (commandée au peintre par Murat, que l'on y voit commandant la charge) ; **Centenaire des Etats Généraux** (inauguration, par le président Carnot, du Bassin de Neptune restauré, le 5 mai 1889), par Roll. Au milieu de la salle, *Napoléon mourant,* marbre, par Vela. *Meubles* de style Empire. — De la salle des Gardes, qui ouvre sur le palier de l'Escalier de Marbre et sur l'Antichambre de la Reine, on revient à la salle précédente 144, et on continue par la salle 145, à g. de celle-ci (angle de l'aile du Midi).]

Salle 145 (à g.). — Cette salle, d'abord *Salon des Marchands,* était ouverte aux marchands du dehors qui y tenaient un bazar et vendaient aux habitants du château du papier, des livres, de la toilette et de la parfumerie. Sous Louis XVI, elle servit de corps de garde aux Cent-Suisses, qui y couchaient sur des paillasses. Elle a été transformée en *Salle de 1792* (tableaux militaires se rapportant à cette époque: *colonne de porcelaine* de Sèvres, offerte à Napoléon Ier par la ville de Paris).

Vestibule et **Escalier des Princes** (S. 147). Cet escalier donnait et donne encore accès à l'Aile du Midi, habitée jadis par les princes du sang, d'où son nom. Il date de Louis XIV et a été construit par Mansart: il a grande allure, quoique son plafond à caissons ait été malencontreusement surbaissé par Louis-Philippe; beaux **bas-reliefs** de pierre, au-dessus des portes et des niches (enfants jouant avec des casques et

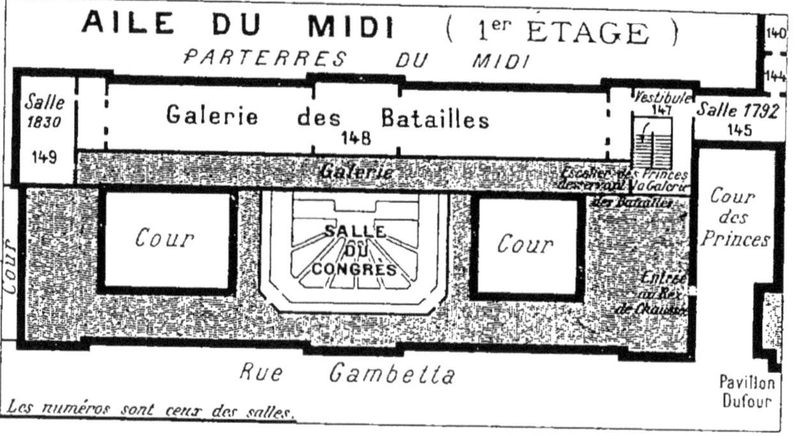

des armes). Dans une niche, les *Trois Grâces*, par Pradier. — Traversant le palier, on entre dans la galerie des Batailles.

La **Galerie des Batailles** (S. 148) occupe tout le 1er étage de l'AILE DU MIDI, élevée par Mansart de 1679 à 1682. Les appartements anciens ont été abattus pour l'établissement de cette vaste galerie qui fit l'admiration des contemporains de Louis-Philippe; elle est l'œuvre (1836) des architectes Fontaine et Nepveu et mesure 120 m. de long sur 13 m. de large; sa décoration est une dernière et assez pauvre réminiscence du style Empire; au centre, elle est ornée d'un groupe de colonnes. — Nombreux *bustes*, la plupart sans valeur, de guerriers et de capitaines célèbres.

N.-B. — La Galerie sert souvent, l'été, à une magnifique exposition de tapisseries des Gobelins, qui en cachent alors les tableaux.

Aux murs, série de grands *tableaux* représentant les principales batailles de notre histoire et dont la plupart ne dépassent pas la médiocrité; c'est une sorte d'imagerie picturale. Nous citerons les meilleurs.

Il faut commencer par la g. (le nom de la bataille et celui du peintre sont au-dessous de chaque toile) pour suivre l'ordre chronologique, qui débute par : — *Ary Scheffer*. Bataille de Tolbiac. — Puis viennent : — (4e) *Horace Vernet*. Bataille de Bouvines ; — (5e) **Delacroix. Bataille de Taillebourg**, gagnée par St Louis sur Henri III d'Angleterre, 21 juillet 1242 (il faut tirer hors de pair cette toile magnifique, un des chefs-d'œuvre du maître). — (4e avant-dernière) *Gérard*. Entrée de Henri IV à Paris.

A l'extrémité de la galerie : — SALLE DE 1830 (plafond médiocre, peint par Picot, en 1835 : *La Vérité protège la France*). — *Gérard*. Louis-Philippe à l'Hôtel de Ville, le 31 juillet 1830 ; — *Court*. Louis-Philippe donne ses drapeaux à la Garde Nationale. — Tableaux modernes : *Roll*. Halte-là ! ; *Gervex*, Distribution des récompenses à l'Exposition de 1900.

On revient à la galerie, pour en suivre le mur opposé. — *Devéria*. Bataille de la Marsaille (4 oct. 1693 ; gagnée par Catinat). — *Horace Vernet*. Fontenoy. — *Couder*. Bataille de Lawfeld (gagnée par le maréchal de Saxe ; il est à cheval devant Louis XV, à qui on amène un général anglais prisonnier). — *Philippoteaux*. Rivoli (Bonaparte vient d'avoir son cheval tué sous lui). — *Gérard*. Austerlitz. — *H. Vernet*. Iéna ; Friedland ; Wagram.

Tableau moderne : *Patrie* (guerre de 1870-71), par Bertrand.

[En arrière de la Galerie des Batailles s'étend (rarement ouverte) une **Galerie de sculpture** (nombreux moulages).]

On redescend par l'Escalier des Princes.

N.-B. Si l'on est pressé par le temps, on peut prendre immédiatement la visite du parc (p. 63) ; mais l'Itinéraire II du Château, qui n'est pas très long, est également recommandé. On gagne alors directement les Salles du XVIIIe s., par la porte qui fait face à la sortie de l'Escalier des Princes (V. ci-dessous : A).

ITINÉRAIRE II. — *Cet itinéraire, recommandé, comprend la visite des salles centrales du rez-de-chaussée, ou* SALLES DU XVIIIe SIÈCLE. *On peut y adjoindre facultativement la* SALLE DE L'OPÉRA. *Cet itinéraire peut être suivi tous les jours.*

Début de l'itinéraire :

A. — Par le **Vestibule** à colonnes de la **Cour des Princes** (dans la Cour des Princes, *Salle du Congrès*, p. 59) qui, à l'opposé de la Chapelle, sert de passage entre la Cour des Princes et le Parc. Une porte ouvre à dr. sous ce vestibule, en face de la sortie de l'Escalier des Princes, à côté d'une statue de *Louis XIV*, à la romaine, par Gilles Guérin (époque de Louis XIV). On traverse un premier *Vestibule* et l'ARCADE DU MIDI (S. 40-39 ; diverses statues, parmi lesquelles *Hoche*, en Grec, par Milhomme, qui ornait primitivement en ville la place Hoche), pour arriver au *Vestibule de l'Escalier de Marbre* (V. ci-dessous). A g. de celui-ci s'ouvrent sur le parc les Salles du XVIIIe s.

B. — Par la **Cour Royale**, où s'ouvre à g., un peu avant la **Cour de Marbre**, le **vestibule de l'Escalier de Marbre** (au pied de l'escalier, beau *buste de Louis XIV*, par Warin, et divers autres bustes de : *Mansart*, par J.-L. Le Moyne ; *Mignard*, par

Desjardins; *Le Brun*, par Coysevox). On trouve en face de soi
sur le parc, les Salles du xviii° s.

Salles du XVIII° siècle (S. 42 à 54). — Ces salles occupent
d'anciens appartements, habités successivement par Mme de
Montespan, par le Grand-Dauphin, fils de Louis XIV, par le
Régent, par le Grand-Dauphin, fils de Louis XV, par Marie-
Josèphe de Saxe, sa veuve, par Mme de Pompadour, par les
filles de Louis XV et par le comte de Provence, frère de
Louis XVI et futur Louis XVIII. Aussi leurs remaniements
furent-ils nombreux et quelques rares vestiges y subsistent-ils
de l'époque de Louis XIV; leur admirable décoration était tout
entière de l'époque de Louis XV, lorsqu'elle fut dévastée par
Louis-Philippe pour y installer des tableaux sans intérêt. Ce qui
avait été sauvé a été remis à jour et en valeur; une précieuse
collection de portraits du XVIII° siècle orne aujourd'hui ces
salles.

Salle 42 (ouvrant sur le Vestibule de Marbre). — *H. Rigaud.* Le Régent (Philippe II d'Orléans, neveu de Louis XIV; il gouverna pendant
la minorité de Louis XV). — *Nattier* (d'après). Pierre Ier (dit Pierre le
Grand; empereur de Russie). — *Largillière.* Vauban. — **H. Rigaud.**
Louis XV enfant (portrait charmant de celui qui devait devenir un si
mauvais roi). — *H. Rigaud.* Comte de Toulouse (fils de Louis XIV et
de Mme de Montespan). — *Santerre.* Philippe d'Orléans. — *Gobert.*
Princesse de Conty. — *Largillière* (d'après). Le peintre Largillière et
sa famille.

Salle 43. — Magnifique **pendule** du style Louis XV (le soleil éclairant
le monde). — Sur la cheminée, *buste de Nicolas Coustou*, par Nogaret
(d'après Guillaume Coustou, son frère). — *Belle.* L'Infante d'Espagne,
Louis XV et l'Infante d'Espagne (sa fiancée; arrivée enfant à Versailles
et renvoyée quelques années après). — *Duménil.* Lit de Justice, tenu
sous Louis XV (12 sept. 1715). — *Galloche.* Fontenelle. — *P.-D. Martin.*
Départ de Louis XV de la Sainte-Chapelle, après son Lit de Justice.
— *Belle.* Marie Leczinska (femme de Louis XV). — **J.-B. Van Loo et**
Ch. Parrocel. Louis XV — *J.-B. Van Loo.* Marie Leczinska. — *De Troy.*
Le Peintre Belle. — *P.-D. Martin.* Sacre de Louis XV à Reims
(26 oct. 1722). — *Ec. française.* Conseil de Régence (minorité de Louis XV).
— *A. Robert.* Revue des mousquetaires. — *Ecole de De Troy.* Voltaire
jeune. — *Inconnu.* Banquet du sacre de Louis XV.

Salle 44. — *L.-M. Van Loo.* Philippe V et la Famille d'Espagne
(esquisse du tableau de Madrid). — *Belle.* Marie Leczinska et le Dau-
phin. — *Belle.* Philippe V (roi d'Espagne; petit-fils de Louis XIV). —
Belle (d'après). Mme Infante et Mme Henriette (filles de Louis XV). —
J. Raoux. Mme Boucher d'Orsay (à côté de l'autel de l'Amour). —
Ch. Parrocel. Arrivée aux Tuileries de l'ambassadeur turc. — *Aved.*
Saïd Pacha. — *Belle* (d'après). Mme Adélaïde enfant (fille de Louis XV).
— *Rigaud* (d'après). Hercule, cardinal de Fleury. — **H. Rigaud. Louis XV**
(1730).

Salle 45. — C'est dans cette pièce que naquirent (de Marie-Josèphe
de Saxe, 2° femme du Grand-Dauphin, fils de Louis XV) Louis XVI,
Louis XVIII et Charles X; ce fut aussi la chambre de Marie-Antoinette,
dauphine, lorsqu'elle vint en France pour épouser Louis XVI. —

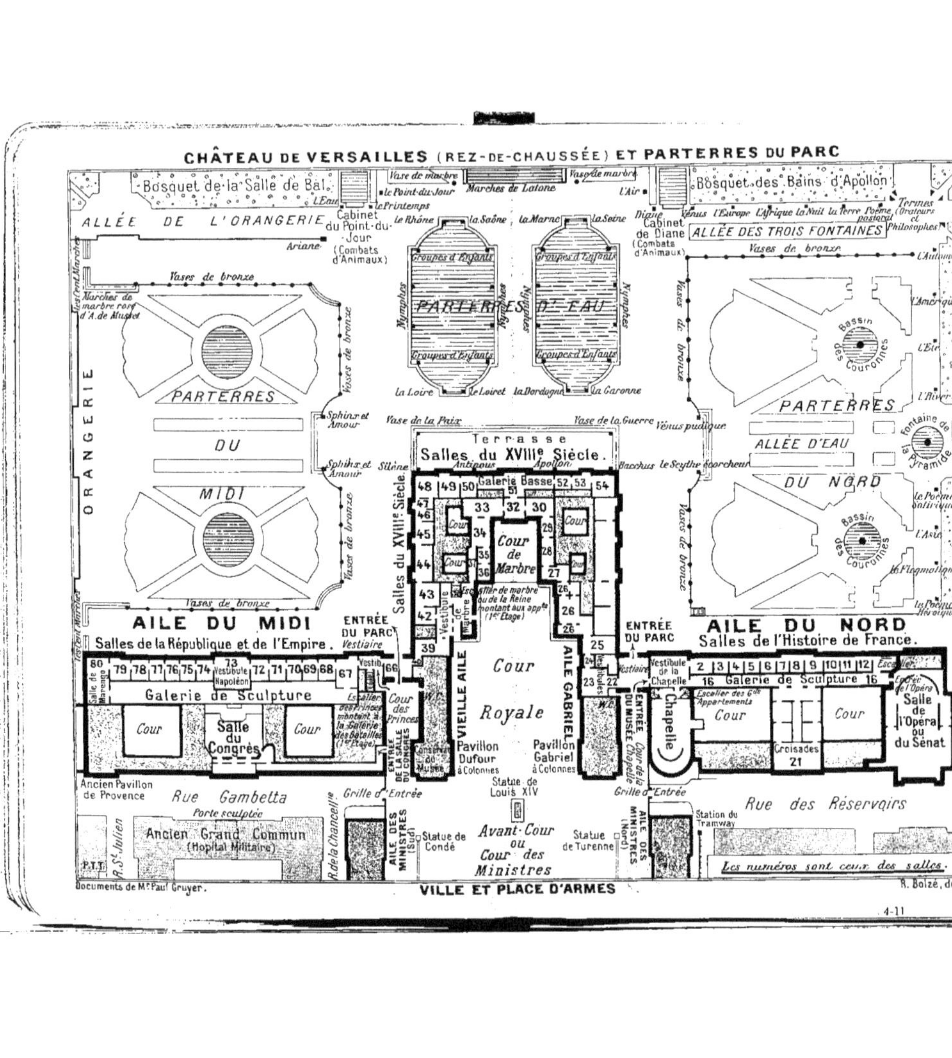

CHÂTEAU DE VERSAILLES (REZ-DE-CHAUSSÉE) ET PARTERRES DU PARC
Bosquet de la Salle de Bal
Vase de marbre
Marches de Latone
Vase de marbre
Bosquet des Bains d'Apollon
ALLÉE DE L'ORANGERIE
Cabinet du Point du Jour (Combats d'Animaux)
L'Eau
Le Printemps
Le Point du Jour
Le Rhône
la Saône
la Marne
la Seine
L'Air
Diane
Vénus L'Europe L'Afrique la Nuit la Terre Poème pastoral
Termes (Orateurs et Philosophes)
Cabinet de Diane (Combats d'Animaux)
ALLÉE DES TROIS FONTAINES
Ariane
Vases de bronze
Marches de marbre rose d'A. de Musset
Vases de bronze
Vases de bronze
Nymphas
PARTERRES D'EAU
Nymphas
serpentin
Groupes d'Enfants
Groupes d'Enfants
Groupes d'Enfants
Groupes d'Enfants
Vases de bronze
L'Automne
L'Amérique
L'Été
Bassin des Couronnes
PARTERRES
PARTERRES DU MIDI
ORANGERIE
Vases de bronze
Sphinx et Amour
Sphinx et Amour
Silène
la Loire
Le Loiret
la Dordogne
la Garonne
Vase de la Paix
Vase de la Guerre
Vénus pudique
Bacchus le Scythe écorcheur
ALLÉE D'EAU
DU NORD
L'Hiver
Bassin des Couronnes
Le Poème satirique
L'Asie
le Flegmatique
le Poème héroïque
Vases de bronze
Vases de bronze
AILE DU NORD
Salles de l'Histoire de France.
AILE DU MIDI
Salles de la République et de l'Empire.
Terrasse
Salles du XVIIIe Siècle.
Antinous
Apollon
Galerie Basse
Salles du XVIIIe Siècle.
48 49 50 51 52 53 54
47 46 45 44 43 42 39
33 32 30 29 28 27 26 25
34 35 36
Cour
Cour
Cour de Marbre
ENTRÉE DU PARC
Vestiaire
Vestibule
Escalier de marbre
Escalier de marbre de la Reine montant aux app.ts (1er Étage)
Galerie de Sculpture
80 79 78 77 76 75 74 73 72 71 70 69 68 67 66
Vestibule Napoléon
Vestib.
Cour de Marengo
Cour
Salle du Congrès
Cour
Cour des Princes
Escalier des Princes montant à la Galerie des Batailles (1er Étage)
ENTRÉE DE LA SALLE DU CONGRÈS
VIEILLE AILE
Cour Royale
AILE GABRIEL
ENTRÉE DU PARC
Vestiaire
Vestibule de la Chapelle
Chapelle
ENTRÉE DU MUSÉE
Cour de la Chapelle
Escalier des Gdes Appartements
2 3 4 5 6 7 8 9 10 11 12
16 Galerie de Sculpture 16
Cour
Cour
Escalier de l'Opéra
Salle de l'Opéra ou du Sénat
Croisades 21
Pavillon Dufour à Colonnes
Pavillon Gabriel à Colonnes
Statue de Louis XIV
Ancien Pavillon de Provence
Rue Gambetta
Porte sculptée
Grille d'Entrée
Grille d'Entrée
Rue des Réservoirs
Station du Tramway
R. de la Chancellerie
AILE DES MINISTRES (Sud)
Statue de Condé
Avant-Cour ou Cour des Ministres
Statue de Turenne
AILE DES MINISTRES (Nord)
R. St Julien
Ancien Grand Commun (Hôpital Militaire)
P.T.T.
Les numéros sont ceux des salles.
Documents de Mr Paul Gruyer.
VILLE ET PLACE D'ARMES
R. Bolzé, delt.
4-11

Inconnu. Jacques-Ange Gabriel (architecte de Versailles, sous Louis XV, et du Petit Trianon). — *Aved.* Le poète J.-Baptiste Rousseau. — *Tocqué.* Marquis de Matignon. — *Portail.* Château de Bellevue (dessin). — *Roslin.* Choiseul. — *Inconnu.* Le peintre De Troy. — *Portail.* Château de la Celle-Saint-Cloud (dessin). — *L.-M. Van Loo.* Choiseul (sans ressemblance aucune avec le portrait précédent). — *Lajoue.* Son portrait, avec sa famille. — *Tocqué.* Le poète Gresset. — *L.-M. Van Loo.* Carle Van Loo. — *Michel Van Loo.* Carle Van Loo et sa famille. — Belle *pendule* Louis XV.

Salle 46. — Cette salle était réunie à la suivante, sous Louis XIV, et formait la Chambre à coucher de son fils, le Grand-Dauphin ; ce fut ensuite celle du Régent, puis celle du Grand-Dauphin, fils de Louis XV, lorsqu'il épousa sa deuxième femme, Marie-Josèphe de Saxe (il habitait avec la première, Marie-Thérèse d'Espagne, l'aile du Midi). La pièce primitive fut alors coupée en deux et cette salle devint le *Cabinet de la Dauphine* sa femme. Il ne subsiste

Cl. Hachette.

Louis XV, par J.-B. Van Loo.

que la corniche et quelques panneaux sculptés. — *Nattier.* Prince de Turenne. — **Nattier. Mme Adélaïde** (en 1756; elle tient un fuseau; charmant portrait). — **Nattier. Mme de Pompadour.** — **Tocqué. A. F. Poisson, marquis de Marigny** (frère de Mme de Pompadour). — **Nattier. Marie-Josèphe de Saxe** (femme du Grand-Dauphin, fils de Louis XV). — *Tocqué.* Lenormant de Tournehem (directeur des Bâtiments du roi, sous Louis XV). — *Roslin.* Le peintre Boucher. — **Nattier. Marie-Leczinska** (en 1748). — *Roslin.* Le graveur Cochin.

Salle 47. — Elle devint le *petit Cabinet de musique* ou *bibliothèque du Grand-Dauphin*, fils de Louis XV, lors du remaniement ci-dessus. Elle a conservé une partie de sa charmante **décoration sculptée**, restaurée de nos jours (à la frise, enfants faisant de la musique; en médaillons, anges jouant de l'orgue et du violon). — *Nivelon.* Marie-Josèphe de Saxe.

Salle 48. — Grande pièce d'angle à 6 fenêtres (on est au-dessous du Salon de la Paix), ancien *Cabinet du Grand-Dauphin*, fils de Louis XIV, et du Grand-Dauphin fils de Louis XV ; elle servit aussi à Louis XVI quand il était jeune. Il ne reste que des débris de son ornementation, par Verberckt, et quelques cuivres ciselés. — **Nattier. Portraits des filles**

de Louis XV (*Mmes Victoire, Elisabeth, Adélaïde, Sophie, Louise, Henriette*), dans de beaux cadres anciens. — Bustes intéressants, sur d'élégants socles de marbre : *Houdon*, Voltaire ; *J.-B. Le Moyne*, Fontenelle ; *Francin*, D'Alembert ; *Houdon*, Diderot. — Extérieurement, **beau balcon** en fer forgé et doré, de l'époque de Louis XIV. Vue admirable sur le parc et les Parterres d'Eau.

Salle 49. — Après avoir servi au Grand-Dauphin, fils de Louis XIV, cette pièce devint *Cabinet de travail du Régent* ; il y mourut d'apoplexie foudroyante, le 2 décembre 1723, près de la duchesse de Falari. Le Grand-Dauphin, fils de Louis XV, en fit sa chambre à coucher après 1747 (*V.* ci-dessus, S. 46). — De beaux détails décoratifs y sont demeurés : portes dorées, fenêtres, panneaux d'angle, frise du plafond (4 cartouches mythologiques ; aux angles, coqs dorés, aux ailes éployées), **cadre de glace** sculpté par Verberckt, à contre-jour (2 autres glaces ornaient les murs latéraux ; au mur du fond, était le lit du Dauphin, derrière une balustrade) ; **admirable cheminée** de marbre rouge, décorée de bronzes ciselés et dorés (aux montants, charmantes figures de *Flore* et de *Zéphyre*, par Jacques Caffiéri). — Au dessus de la cheminée, tapisserie des Gobelins, d'après le *Louis XV* peint par Carle Van Loo. — *Natoire*. Louis XV. — *Drouais*. Louis XVIII enfant. — *L.-M. Van Loo*. Duc de La Vrillière. — **Nattier**. L'Infante Marie-Isabelle (petite-fille de Louis XV). — **Nattier. Mme Adélaïde** (en Diane). **Mme Henriette** (en Flore ; deux charmantes peintures). — **Nattier. Mme Louise** (dans un ovale).

Salle 50. — Ancienne Antichambre, avec chambranles des portes et des fenêtres de l'époque de Louis XIV ; *corniche* de pierre sculptée (enfants sur des lions ; cartouches d'animaux), par Rousseau (transition des styles Louis XIV et Louis XV). — *Olivier*. Fête à l'Isle-Adam. — *Roslin*. L'abbé Terray. — *Ducreux* (d'après). Marie-Antoinette jeune. — **Gauthier-Dagoty. Mme du Barry**. — *Olivier*. Souper du prince de Conty au Temple. — *Joseph Vernet*. Chasse au marais, près Naples. — *Frédou*. Louis-Joseph-Xavier de France (petit-fils de Louis XV ; frère de Louis XVI ; mort à dix ans), pastel. — *Drouais*. Mme Elisabeth enfant (sœur de Louis XVI). — *Drouais fils*. Mme Sophie (en 1763). — *Olivier*. Chasse à l'Isle-Adam. — *Inconnu*. Le chancelier Maupeou. — *Natoire*. Marie-Josèphe de Saxe. — *Casanova*. Ambassade à Constantinople. — *Inconnu*. Philippe d'Orléans. — *L.-M. Van Loo*. Charles X jeune (1770). — **Drouais. Le Comte d'Artois** (futur Charles X) **et Mme Clotilde** (sa sœur) enfants (la fillette est sur une chèvre ; charmante peinture, évocatrice des bergeries à la mode). — **L.-M. Van Loo. Louis XVI** jeune (1769). — **L.-M. Van Loo. Louis XVIII** jeune.

Salle 51 ou Galerie Basse, au centre de la façade (sous la Galerie des Glaces). — C'était sous Louis XIV un passage à jour, fermé par des grilles, qui faisait communiquer directement la Cour de Marbre, que l'on voit à dr., avec le parc : les colonnes rouges sont de cette époque. Deux scènes volantes y étaient installées, l'une pour la musique, l'autre pour la comédie ; ce fut le seul théâtre que Molière connut au château de Versailles et il y représenta, entre autres pièces, l'*Ecole des Maris*, les *Fâcheux*, l'*Impromptu de Versailles* et les 3 premiers actes inédits de *Tartuffe* (14 mai 1664). Cette galerie fut défigurée pour Marie-Antoinette qui s'y fit faire un *petit appartement* privé, donnant d'un côté sur le parc, de l'autre sur la Cour de Marbre. Les cloisons établies alors ont été abattues. — *Carle Van Loo*. Louis XV (en 1751). — *Cosette*. Louis XV (en 1763). — Intéressante série des **Batailles de Louis XV** (*Fontarabie, Menin, Fribourg, Tournay, Fontenoy, Lawfeld*), par Martin et Lenfant (beaux cadres à frontons sculptés). — Statues (à contre-jour) : *Coysevox*, Duchesse de Bourgogne (mère de Louis XV); *Guillaume Coustou*, Marie Leczinska. — Autres statues : *Pajou*, Turenne; *Roland*, Condé; *Houdon*, Tourville; *Mouchy*, Luxembourg.

On continue par les pièces sur le parc.

Salle 52. — Ici commence l'ancien *Appartement des Bains*, sous Louis XIV; il fut habité par Mme de Montespan, de 1685 à 1691, puis par ses fils légitimés. Sous Louis XV, il servit à Mme de Pompadour et à Mmes Sophie et Victoire; sous Louis XVI, à Mme Adélaïde, sœur du roi. La salle 52 était sous Louis XIV le *Cabinet de Bains*. Celui-ci renfermait plusieurs baignoires de marbre et une piscine de marbre circulaire qui a malheureusement quitté Versailles; on y versait de l'eau froide ou chaude et deux personnes pouvaient s'y baigner. Les murs, comme ceux des autres pièces, étaient revêtus de marbre. Lors des transformations ultérieures, la pièce devint une Antichambre. — *Duplessis*. Comte d'Angiviller (directeur des Bâtiments du roi, sous Louis XVI). — *Mme Filleul*. Enfants du comte d'Artois (futur Charles X). — *Inconnu*. Louis-Philippe d'Orléans (Philippe-Egalité, père du roi Louis-Philippe; il vota la mort de Louis XVI, mais n'en fut pas moins décapité en 1793). — **Callet. Louis XVI**. — *Roslin*. Le sculpteur Pierre Julien. — **Hubert Robert. Les jardins de Versailles en 1775** (*Entrée du Tapis-Vert* et *Bains d'Apollon*; à cette époque eut lieu une replantation générale du parc). — **Pajou. Marie-Antoinette** (en 1774; médaillon marbre; on y voit la reine, moins flattée que sur les tableaux de Mme Vigée Le Brun, avec ses yeux à fleur de tête et dans toute la réalité de sa vraie physionomie). — *Houdon*. Comte de Valbelle (buste).

Salle 53. — *Chambre des Bains*, sous Louis XIV; de la décoration de cette époque subsistent les *panneaux sculptés* des volets (poissons et roseaux). — *Duplessis*. Louis XVI. — *Duplessis* (d'après). Gluck. — **Mme Labille-Guiard. Mme Infante** (fille de Louis XV, vieille, en 1788; avec un perroquet). — **Schillin. Le duc d'Enghien enfant**. — **Mme Vigée Le Brun. Le Dauphin et Madame Royale** (en 1784; c'est le 1ᵉʳ dauphin, mort en 1789, à la veille de la Révolution, et la future duchesse d'Angoulême, morte à Frohsdorff, en 1851; assis sur un banc de gazon, ils tiennent un nid d'oiseaux). — *Ducreux*. Son portrait par lui-même. — **Mme Vigée Le Brun. Marie-Antoinette et ses enfants** (en 1787; la reine porte une toque et une robe rouge; sur ses genoux, le duc de Normandie, âgé de 2 ans, qui devait mourir au Temple, en 1795; près d'elle, Madame Royale et le 1ᵉʳ dauphin, V. ci-dessus; tableau célèbre, peint à Versailles). — *Cozette* (d'après *Ducreux*). Joseph II (empereur d'Autriche; frère de Marie-Antoinette; portrait ovale en tapisserie). — **Mme Vigée Le Brun. Mme Elisabeth** (sœur de Louis XVI). **Marie-Antoinette à la rose** (un des portraits les plus populaires de la reine). — *J. Bailly*. Le peintre Clément Belle. — *Callet*. Louis-Philippe d'Orléans (Philippe-Egalité). — *Mme Vigée Le Brun*. Grétry. — *Mme Vigée Le Brun* (à contre-jour). Marie-Antoinette.

Salle 54. — Salle d'angle, à 6 fenêtres (sous le Salon de la Guerre), qui commence le retour sur les parterres du Nord, l'Allée d'Eau et Neptune. De sa **décoration** faite par **Verberckt**, vers 1763, pour les filles de Louis XV, il subsiste d'intéressants morceaux (portes, volets, panneaux, corniche). — **Mme Vigée Le Brun. Duchesse d'Orléans** (femme de Philippe-Egalité). — **Mme Labille-Guiard. Mme Victoire** (fille de Louis XV, vieille, en 1788). — *Inconnu*. Princesse de Lamballe (curieuse coiffure). — *Boze*. Le duc de Berry enfant (2ᵉ fils de Charles X; assassiné par

Louvel, en 1820). — **Mme Labille-Guiard. Mme Adélaïde** (fille de Louis XV, vieille, en 1787). — *Mme Filleul.* Le duc d'Angoulême (1ᵉʳ fils de Charles X). — Entre les fenêtres, 6 *vases* sculptés, sur de beaux socles.

[Les salles qui suivent sur le parterre du Nord sont actuellement fermées. — On revient sur ses pas à la Galerie Basse et au Vestibule central qui donne sur la Cour de Marbre.]

Du **vestibule** central (S. 32), on sortirait à dr., par les **salles 33** (*tableaux* et *portraits historiques*), **34, 35** et **36** (curieux tableaux représentant les *Châteaux Royaux*, dont Versailles, à l'époque de Louis XIV, par J.-B. Martin, P.-D. Martin et Allegrain), et par le Vestibule de Marbre. — A g., on sort par les **salles 30** (*tableaux divers*, souvent changés), **29, 28, 27** (angle de la Cour de Marbre et de la Cour Royale; Louis XV, sortant de cette salle pour monter en carrosse, fut frappé par Damiens d'un coup de canif, le 5 janvier 1757, à 6 h. du soir), puis par les **salles 26** (*bustes* et *statues* de l'époque de Louis-Philippe, la plupart sans intérêt) et, en tournant à g., par l'Arcade du Nord (S. 25 à 22; *moulages*) et le passage de la Chapelle.

On peut, à ce point de l'itinéraire : soit passer au Parc, à g.; soit aller voir la salle de l'Opéra.

On se rend à la **Salle de l'Opéra** par le Vestibule inférieur de la Chapelle (p. 21), où l'on prend soit la *Galerie de peinture* de l'Histoire de France, sur le parc (p. 53), soit la *Galerie de sculpture* (p. 54; les salles des Croisades et de Crimée s'y ouvrent à dr., p. 54 et 55). Par l'une ou l'autre, on arrive à la porte de l'Opéra (visite par escouades, sous la conduite d'un gardien du Sénat, à qui appartient la salle; petite rémunération d'usage). — La salle de l'Opéra fut construite sous Louis XV, par l'architecte Gabriel, de 1753 à 1770, le château ne possédant jusque-là que des scènes sans importance et insuffisantes pour de grands spectacles. Le 1ᵉʳ oct. 1789, un *banquet des Gardes du corps* y eut lieu, où Marie-Antoinette et Louis XVI furent acclamés et où des déclarations d'un royalisme exalté, répétées à Paris, devaient, quelques jours après, mettre le peuple en marche sur Versailles. A la suite de la guerre de 1870-71, l'Assemblée Nationale vint siéger dans la salle aménagée à cet effet. De 1875 à 1879, elle devint la salle du Sénat.

La *salle*, entièrement construite en bois, était autrefois peinte en marbre vert et en gris clair; c'est Louis-Philippe qui l'a fait badigeonner en rouge. Le parterre est occupé par les stalles des sénateurs; la **tribune**, de style Empire, vient de Saint-Cloud et est celle **du 18 Brumaire.** De beaux bas-reliefs, du xviiiᵉ s., en bois sculpté et doré, représentant les *12 Dieux*, courent au-dessous du balcon; des colonnes corinthiennes encadrent les loges et les galeries supérieures. Le plafond vitré a été mis en place en 1871. — De la salle on passe dans le **Foyer**, qui a conservé l'**intéressante décoration** sculptée du xviiiᵉ s., œuvre de Pajou. Sur la face qui est à contre-jour, entre les fenêtres, bas-relief de *Vénus et les Amours*, où l'on voit Mme de Pompadour. — On sort, d'ordinaire, directement du Foyer sur l'escalier de l'aile du Nord, par où l'on peut, soit redescendre au rez-de-chaussée, soit monter à l'Attique du Nord (p. 57).]

ITINÉRAIRE III. — *Cet itinéraire, ainsi que le suivant, comprend le* Musée Historique *proprement dit (tableaux, portraits et sculptures); une partie des salles qui le composent sont ouvertes tous les jours, les autres alternativement, les différents jours de la semaine. L'itinéraire III comprend les salles de l'***Aile du Nord***.* — Le Musée Historique fut formé par Louis-Philippe, lorsqu'il dédia Versailles « A toutes les gloires de la France ». Sa valeur est inégale; il renferme un grand nombre de *toiles anciennes*, qui en sont la partie la plus intéressante; d'autres peintures rétrospectives, exécutées par ordre de Louis-Philippe, sont médiocres. Le musée historique s'est continué depuis lors, jusqu'à nos jours et offre, pour la période même de Louis-Philippe, pour le 2° Empire et pour la 3° République, un grand choix de documents. Il s'y ajoute une collection de *moulages* et quelques *sculptures* originales.

Aile du Nord (le jeudi et le dimanche pour les salles des Croisades, rez-de-chaussée; tous les jours pour les salles d'Afrique, d'Italie et de Crimée, 1ᵉʳ étage; le mardi et le vendredi pour les portraits de l'Attique du Nord, 2ᶜ étage). — Début de l'itinéraire par le *vestibule* du rez-de-chaussée *de la Chapelle.*

Rez-de-Chaussée. — Sur le Vestibule de la Chapelle (p. 21) s'ouvrent (*visibles tous les jours*) 11 salles (S. 2 à 12) en bordure du parc, formant la **1ʳᵉ Galerie de l'Histoire de France**. Les tableaux en sont la plupart sans grande valeur historique, ni picturale, et leurs sujets vont de Charlemagne à Louis XVI (S. 12); ils portent tous une inscription indicatrice. On y trouve mêlés quelques tableaux anciens. — Nous citons les œuvres principales.

Salle 2. — *P. Delaroche.* Charlemagne traverse les Alpes.

Salle 3. — *Vinchon.* Sacre de Charles VII à Reims.

Salle 4. — *Cabanel.* Glorification de St Louis.

Salle 5. — **Ary Scheffer. Mort de Gaston de Foix.**

Salle 6. — (Histoire de Henri IV.) — Au-dessus des portes : *Dévéria.* Siège de Metz; Combat de Fontaines-Françaises.

Salle 7. — (Histoire de Louis XIV.) — *Philippe de Champaigne* (d'après). Louis XIV nomme son frère chevalier de Saint-Louis. — 6 panneaux anciens (Sièges et Batailles) intéressants, de *J.-B. Martin* et de, ou d'après, *Van der Meulen.*

Salle 8. — (Histoire de Louis XIV.) — Suite de tableaux de *J.-B. Martin* et de, ou d'après, *Van der Meulen.*

Salle 9. — (Histoire de Louis XIV.) — **Isabey. Combat naval du Texel** (livré par Jean Bart à la flotte hollandaise). — *Van der Meulen.* Reddition de Cambrai; Prise de Charleroi. — *J. Parrocel.* Combat de Leuze.

Salle 10. — (Histoire de Louis XIV.) — *Van der Meulen.* Prise de Dôle.

Salle 11. — (Histoire de Louis XV.) — Bons tableaux anciens (Sièges et Batailles) de *J.-I.-F. Parrocel* et *Lenfant.* — *H. de la Peyna.* Bataille de Fontenoy (curieux panorama).

Salle 12. — (Histoire de Louis XV et de Louis XVI.) — *C. Roqueplan.* Bataille de Rocoux. — **Noël Hallé. La Paix de 1763.** — *Hersent.* Louis XVI secourant les pauvres.

A l'extrémité des salles, escalier montant à l'*Attique du Nord* (p. 57).

Parallèlement à ces salles s'étend la **1re Galerie de Sculpture**, où s'alignent des *tombeaux, bustes et statues des Rois et Reines de France et de Personnages célèbres*, depuis les Mérovingiens (côté du Vestibule de la Chapelle) jusqu'à Henri II et Catherine de Médicis. Ce sont des moulages, fort intéressants pour la plupart, et dont un grand nombre ont été pris à Saint-Denis. Chaque sujet porte une inscription indiquant sa provenance et le nom du personnage représenté. — Au milieu de la

Cl. P. Gruyer.

1re Galerie de Sculpture (Moulages de Saint-Denis et Tombeaux).

galerie s'ouvrent les *Salles des Croisades* (V. ci-dessous). A l'extrémité de la galerie, entrée de l'*Opéra* p. 52).

Salles des Croisades *(le jeudi et le dim.)*. — Ces salles, constituées sous Louis-Philippe, sont les plus médiocres de Versailles, tant au point de vue historique que pour la valeur picturale des toiles qu'elles renferment. Leur décoration est de style néo-gothique, avec plafonds dorés, armoiries et écussons des rois, princes et chevaliers qui prirent part aux différentes croisades. Il s'y mêle quelques intéressants moulages anciens. — Entrer par la porte de dr.

SALLE 17. — *Signol*. Passage du Bosphore (1097): Prise de Jérusalem (1099).

SALLE 18. — *Schnetz*. Bataille d'Ascalon. — *Signol*. St Bernard prêche, à Vézelay, la 2e croisade (1146).

SALLE 21. — (Grande salle centrale, sur la rue des Réservoirs.) —

Tableaux : *Delacroix* (d'après), Entrée des croisés à Constantinople, en 1204 (cette copie médiocre a remplacé l'original, transporté au Louvre) ; *Blondel*, Philippe-Auguste à Ptolémaïs ; *Odier*, Levée, par les Turcs, du siège de Rhodes ; *Larivière*, Levée du siège de Malte ; *Horace Vernet*, Bataille de Las Navas ; *Schnetz*, Procession autour de Constantinople. — Au centre de la salle, moulages de *tombeaux*, plus ou moins restaurés, de grands-maîtres de Malte. — A la fenêtre du milieu, **mortier** de bronze de l'hôpital des chevaliers de Saint-Jean de Rhodes (donné à Louis-Philippe, en 1836, par le sultan Mahmoud). — En face, belle **porte** gothique, en cèdre, de l'hôpital des chevaliers de Saint-Jean (même don).

Salle 20. — *Rouget.* St Louis à Ptolémaïs ; Mort de St Louis. — *Guillon-Lethière.* St Louis prisonnier.

Salle 19. — *Larivière.* Bataille d'Ascalon. — *Gallait.* Baudouin couronné empereur de Constantinople.

Sortant des salles des Croisades, on regagne, vers la g., le Vestibule du rez-de-chaussée de la Chapelle et on monte au 1er étage par le petit escalier.

Premier Étage. — En bordure du parc et partant du Vestibule du 1er étage de la Chapelle, s'ouvrent 10 salles (*visibles tous les jours*) formant la **2ᵉ Galerie de l'Histoire de France.** Elles renferment des tableaux dont les sujets vont de la Révolution à Louis-Philippe, qui en fit l'installation. Beaucoup de ces tableaux sont sans grande valeur picturale, ni même documentaire ; quelques-uns cependant sont intéressants.

Salle 84. — *Colson.* Entrée de Bonaparte à Alexandrie. — Bataille des Pyramides et batailles d'Egypte (médiocres).

Salle 85. — *Lebel.* Napoléon à l'hospice du Saint-Bernard. — *Bacler d'Albe.* Bivouac à la veille d'Austerlitz.

Salle 86. — **J.-B. Regnault. Le Sénat reçoit les Drapeaux pris à l'Autriche** (1er janvier 1806 ; peint en 1808, ce tableau décorait le palais du Sénat). — *Ponce-Camus.* Napoléon au tombeau du Grand-Frédéric (1806 ; à Potsdam) ; Napoléon à Osterode (1807).

Salle 87. — Peintures médiocres de l'histoire impériale.

Salle 88. — **Gautherot. Napoléon blessé à Ratisbonne** (1809). — *Bellangé.* Wagram. — *Meynier.* Napoléon à l'île Lobau.

Salle 89. — Peintures médiocres de l'histoire impériale.

Salle 90. — A dr. de la fenêtre : — *H. Vernet* (d'après). Les adieux de Fontainebleau.

Salle 91. — **Gros. Louis XVIII quitte les Tuileries** (à la nouvelle de la marche sur Paris de Napoléon débarqué de l'île d'Elbe ; 20 mars 1815). — **Gérard** (d'après). **Louis XVIII** (dans son cabinet des Tuileries ; 1814). — *P. Delaroche.* Prise du Trocadéro (1823).

Salle 92. — **Gros. Charles X à la Revue de Reims.** — **Gérard. Sacre de Charles X.** — **H. Vernet. Revue de la garde nationale par Charles X** (à g., Louis-Philippe). — *Statue de Chateaubriand,* par Duret.

Salle 93. — Scènes de la Révolution de Juillet et de l'Avènement de Louis-Philippe.

A l'extrémité des salles, escalier montant à l'*Attique du Nord* (p. 57).

Parallèlement à ces salles s'étend la **2ᵉ Galerie de Sculpture,** renfermant d'intéressants moulages de *tombeaux, bustes et statues des Rois et Reines de France et de Personnages célèbres* (provenant en partie de Saint-Denis), mêlés à quelques marbres originaux et médiocres, de l'époque de Louis-Philippe (inscriptions explicatives ; les sujets vont jusqu'au xviie s.). — Au milieu de la galerie s'ouvrent les Salles d'Afrique, de Crimée, d'Italie et du Mexique (*V.* ci-dessous). A l'extrémité de la galerie, porte de l'Opéra (entrée au rez-de-chaussée; p. 52).

Au milieu de la Galerie, entrée des **Salles d'Afrique, de Crimée, d'Italie et du Mexique** (*visibles tous les jours*), qui occupent la place d'anciens appartements entièrement détruits. Elles furent constituées sous Louis-Philippe et sous le 2e Empire. — Entrer par la porte de dr.
SALLE 98. — *Ed. Dubufe.* Congrès de Paris (1856; il fut destiné au règlement de la question d'Orient). — **Gérôme. Réception, par Napoléon III, des ambassadeurs de Siam.** — *H. Vernet.* Mac-Mahon à Magenta. — *Winterhalter* (d'après). Impératrice Eugénie. — **H. Flandrin. Napoléon III.** — **Hébert. La princesse Clotilde** et (en face) **Le prince Jérôme.** — *Muller.* Ouverture du Sénat par l'empereur (1852). — **Bonnat. Monta-**

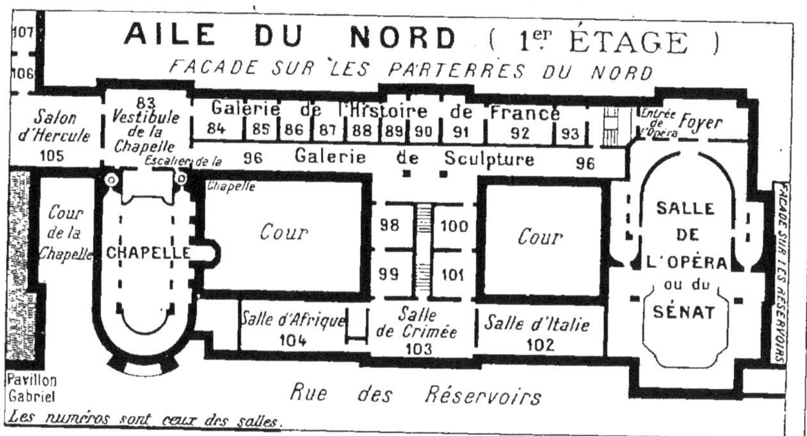

livet. — *N.-B. Ces tableaux sont destinés à être transportés à l'Attique du Midi* (p. 60).
SALLE 99. — **A. Yvon. Retraite de Russie** (le maréchal Ney soutient l'arrière-garde) — *Ginain.* Retour de l'armée d'Italie. — **Gustave Doré. Bataille d'Inkermann** (Crimée; 5 nov. 1854).
SALLE 103. — **Horace Vernet. Combat de l'Habrah** (conquête de l'Algérie, 3 déc. 1835; le duc d'Orléans dirige l'attaque); **Siège de Constantine** (1837; trois grandes toiles : le duc de Nemours repousse une attaque des Kabyles; les Colonnes d'assaut se mettent en marche; Prise de la ville). — *H. Vernet.* **Prise du fort de Saint-Jean d'Ulloa** (1838; Mexique; le prince de Joinville est debout sur la dunette du navire); **Occupation du col de Mouzaïa** (Algérie; 1840; le duc d'Orléans est à cheval, le duc d'Aumale à pied; **Attaque de la citadelle d'Anvers** (Belgique; 1832). — Ces vastes toiles brossées par Horace Vernet, qui figura pour 843,000 fr. dans les commandes que fit Louis-Philippe pour Versailles, ne dépassent pas une moyenne honorable comme valeur picturale; on y trouve toutefois un certain sens du pittoresque. Elles sont en outre d'une documentation précieuse pour les personnages et les costumes militaires de cette époque.
SALLE 104 (à dr. de la précédente; 2 petits CABINETS y conduisent : dans l'un, curieuse *horloge* anglaise du XVIIIe s.; dans l'autre, bas-relief,

plâtre, de Carpeaux, *Napoléon III rendant la liberté à Abd-el-Kader*). — En cimaise (panneau de dr.) : **12 gouaches de Siméon Fort** relatives à la guerre d'Algérie (ces petites peintures sont toutes charmantes et bien supérieures comme valeur picturale aux énormes toiles de Vernet). — *Philippoteaux*. Bataille de Mazagran ; Prise de Médéah. — **Chassériau. Ali-ben-Hamet** (belle toile). — **Horace Vernet. Bataille de l'Isly** (10 m. sur 5 m. ; le colonel Yusuf présente au maréchal Bugeaud les étendards et le parasol du commandement, pris au camp du fils de l'empereur du Maroc ; 1844) ; **Prise de la smalah d'Abd-el-Kader** (1843 ; vers la g., le duc d'Aumale, à cheval, commande les chasseurs d'Afrique ; vers la dr., dispersion du camp arabe, dont Abd-el-Kader est absent. Cette immense toile, de 5 m. sur 21 m., fut peinte à Versailles, dans la salle du Jeu de Paume ; elle tient du panorama plutôt que du tableau. Les détails en sont pittoresques et amusants à observer, mais la couleur en est terne et jaune ; les personnages ont l'air de figurants de cirque, jouant une pantomime bien réglée). — *Tissier*. Le prince-président (Napoléon III) rend la liberté à Abd-el-Kader.

On revient dans la salle 103, que l'on traverse pour gagner la salle 102.

SALLE 102. — En cimaise, tout autour de la salle, intéressante série de **21 petits tableaux de Durand-Brager**, relatifs au Siège de Sébastopol (oct. 1854 à sept. 1855 ; ces tableaux sont bien supérieurs aux grandes toiles de la salle). — *Barrias*. Débarquement de l'armée française en Crimée (1854). — **Ad. Yvon. La gorge de Malakoff** (1855 ; à dr., le général Vinoy) ; **Prise de la tour Malakoff** (le général de Mac-Mahon plante son épée sur le terrain conquis) ; **La Courtine de Malakoff** (à g., au dernier plan, le drapeau français flotte sur Malakoff ; le général Bosquet, blessé, est emporté sur une civière). — Les autres tableaux, par Yvon, représentent les *Batailles de Solférino* et *de Magenta* (guerre d'Italie).

On revient à la salle 103, d'où l'on sort par les salles 101 et 100.

SALLE 101. — **H. Vernet. Louis-Philippe inaugure Versailles** (entouré des princes de sa famille, le roi est à cheval, devant la grille dorée de la Place d'Armes). — *Couder*. Bonaparte, Ier consul, installe le Conseil d'État au Luxembourg ; Serment du Jeu de Paume ; Fédération du Champ de Mars ; Louis XVIII proclame la charte constitutionnelle (1814).

SALLE 102. — *Vinchon*. Enrôlements volontaires en 1792. — *Eugène Lami*. Bataille de Hondschoote ; Wattignies. — **Muller. Appel des dernières victimes de la Terreur** (au centre, André Chénier).

Sortant des salles d'Afrique et de Crimée, on gagne, vers la dr., l'ESCALIER (construit en 1851) montant à l'Attique du Nord.

ATTIQUE DU NORD (2º étage). — On y monte, soit du rez-de-chaussée, soit du Ier étage, par un escalier qui se trouve à l'extrémité des Galeries de Peinture et de Sculpture de l'Aile du Nord.

Cet étage, divisé en 7 salles, renferme une très intéressante collection de **portraits historiques**, authentiques, réunis en grande partie par Louis-Philippe, sélectionnés et augmentés de nos jours. Ils vont du XVe au XVIIe s. ; la plupart sont anonymes.

SALLE 153. — On commence, au XVe s., à Jeanne d'Arc et à Charles VI. — **Ex-voto** représentant **Jeanne d'Arc** (à g.), **la Madone et St Michel** (cette précieuse relique, contemporaine de l'héroïne, et qui la montre avec une auréole de sainte, ne permet malheureusement pas de distinguer ses traits). — Charles VI. — Philippe le Hardi. — Jean Sans-Peur. — Curieuse **Scène de chasse à la cour de Jean Sans-Peur** (intéressants costumes blancs). — *Dosso-Dossi* (d'après). Charles le Téméraire. —

Assemblée du parlement de Bourgogne, tenue par Ch. le Témëraire. — Charles VIII.

On passe ensuite au xvie s. : — Bonnivet. — Henri II. — Diane de Poitiers. — **Guillaume Budé**, maître de la librairie du roi. — Maximilien II, empereur d'Allemagne. — Sur la cheminée, *buste de François Ier* (moulage). — Marie Tudor. — Charles IX. — Catherine de Médicis. — Henri III. — Anne, duc de Montmorency. — Bal à Venise. — Henri IV, à quatre ans (1557). — Réception de Henri III à Venise.

SALLE 154. — Suite du xvie s. : — Henri IV (nombreux portraits). — **Henri IV à la bataille d'Arques.** — Gabrielle d'Estrées, enfant. — Henri Ier, duc de Montmorency (dans une magnifique armure noire et or). — Curieuse **Procession de la Ligue** (en 1593: moines armés et casqués). — Martin Ruzé, grand-maître des mines de France. — **Marie de Médicis** (femme de Henri IV, mère de Louis XIII). — Arbitrage de Henri IV entre les Espagnols et les Hollandais. — Ch. de Condé et son fils. — A contre-jour : Jean II de Bavière et Béatrix de Bade.

SALLE 155. — Suite du xvie s. : — Familles souveraines d'Espagne et

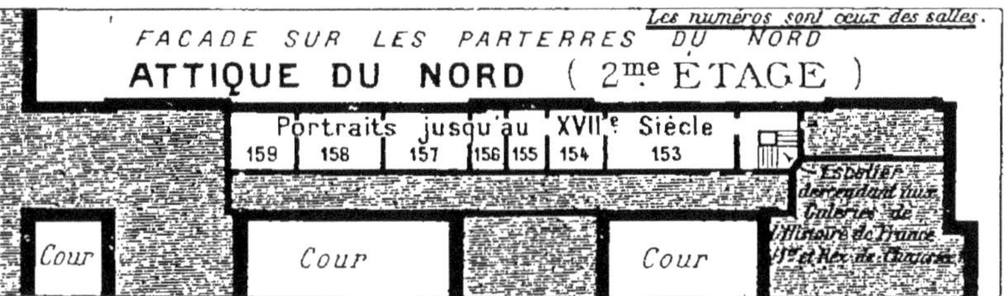

d'Autriche (Philippe II; l'Infant don Carlos; Philippe III). — *Buste de Charles-Quint.* — **Femme inconnue** (joli portrait).

SALLE 156. — Commencement du xviie s. : — Femme inconnue (curieux costume). — Anne d'Autriche (femme de Louis XIII, mère de Louis XIV). — **Porbus. Marie de Médicis.** — Gaston de Foix, duc d'Orléans. — Marillac, garde des sceaux. — **Le prévôt des marchands et les échevins de Paris** (1612). — Marie de Rohan-Montbazon, duchesse de Chevreuse (1627: en costume de Diane, avec un cerf). — **Anne d'Autriche.** — **Van Dyck. Thomas de Savoie, prince de Carignan.** — Etienne d'Aligre, chancelier de France.

SALLE 157. — xviie s. : — Curieux **tableaux-plans** de sièges et prises de villes, sous Louis XIII : île de Ré (1627); La Rochelle (1628); le Pas-de-Suze (1629); Privas, Nîmes. Montauban (1629). — Parmi les portraits : — Le savant Peiresc. — **Philippe de Champaigne. Richelieu.** — Le poète Voiture.

SALLE 158. — Autres **tableaux-plans.** — *Vélasquez* (d'après). Philippe V, roi d'Espagne. — **Simon Vouet. Louis XIII** (il est en armure; à genoux devant lui, la France et la Navarre, qu'il protège de son manteau). — Elisabeth de France, reine d'Espagne (fille de Henri IV d'Espagne).

SALLE 159. — **Françoise de Souvré, gouvernante des enfants de France** (debout et vêtue de noir, avec les deux fils de Louis XIII : le dauphin, futur Louis XIV, avec un bonnet à plume bleue; son frère, Philippe d'Orléans, tête nue). — Anne d'Autriche invoquant St Benoît et Ste Scholastique. — Gaston d'Orléans (frère de Louis XIII). — Anne d'Autriche et ses enfants (Louis XIV, une plume sur la tête, et Philippe d'Orléans, vêtu de blanc). — **Paris vers 1635** (vu du Pont-Neuf, avec l'ancienne statue de Henri IV ; à g. le Vieux-Louvre, à dr. la tour de Nesles). — **Louis XIV et sa nourrice** (dame Longuet de la Giraudière, première nourrice de Louis XIV). — Le sculpteur Simon Guillain. — **Peter Lély.** **Henriette-Marie de France**, reine d'Angleterre (fille de Henri IV ; mariée à Charles Ier d'Angleterre, décapité sous Cromwell, en 1649 ; 2 portraits). — *Gaspard de Crayer.* Cromwell. — Le peintre Sébastien Bourdon.

ITINÉRAIRE IV. — *Cet itinéraire comprend* (AILE DU MIDI) *la* SALLE DU CONGRÈS (*tous les jours*), *les* GALERIES DE LA RÉPUBLIQUE ET DE L'EMPIRE (*mercredi et samedi*) *et l'*ATTIQUE DU MIDI (*tous les jours*). — Début de l'itinéraire par la *Cour des Princes* ; à l'entrée de la Cour, à g., un écriteau indique la Salle du Congrès.

Salle du Congrès (elle dépend de la Chambre des Députés de Paris ; on visite par escouades, sous la conduite d'un gardien ; petite rémunération d'usage). Cette salle, où les deux Chambres se réunis-

Les numéros sont ceux des salles.

FACADE SUR LES PARTERRES DU MIDI

ATTIQUE DU MIDI (2me ÉTAGE)

ATTIQUE CHIMAY — PARC — ATTIQUE — Portraits Révolution et 1er Empire — 179 180 178 177 176 174 — Cour — Vestibule — 171 — 169 170 — Aquarelles — Cour — Compléter de la Galerie des Batailles — Portraits de la Restauration Louis-Philippe et Napoléon III 168

sent auj. pour l'élection des présidents de la République, fut construite en 1875, dans une partie de l'Aile du Midi qu'occupait jadis la Surintendance du Palais, pour recevoir la Chambre des Députés ; celle-ci y siégea jusqu'en 1879 (*V. Histoire*, p. 17). Les bâtiments avoisinants furent en même temps aménagés et défigurés pour les divers services. — La **Salle des Séances** est en hémicycle, avec colonnade tournante ; plafond, par Rubé et Chaperon (*Guerre, Agriculture, Commerce, Industrie, Paix*) ; dans le fond de la salle : au-dessus de la Tribune, vaste tableau de *l'Ouverture des États Généraux en 1789*, par Couder ; à dr. et à g., **tapisseries** anciennes des Gobelins, d'après Le Brun (*Maisons Royales*). Sur les pupitres, des papiers blancs indiquent la place où siégèrent Gambetta, Thiers, Félix Faure et Carnot. — Dans les dépendances de la salle du Congrès, les personnages s'intéressant aux œuvres d'art peuvent demander à visiter (pourboire) le remarquable **tombeau de Diane de Poitiers** (Renaissance), provenant du château d'Anet.

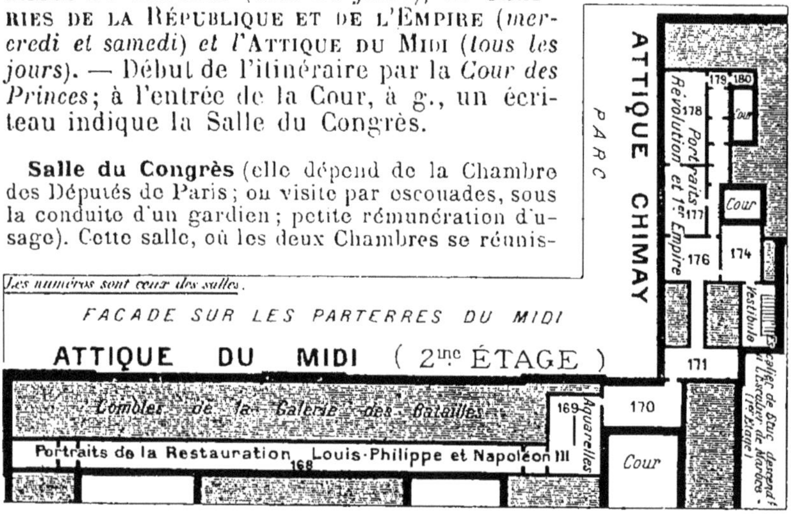

La Cour des Princes amène au *vestibule des Princes*, qui sert de passage avec le parc. A g., sous ce vestibule, on entre au rez-de-chaussée de l'Aile du Midi.

Rez-de-Chaussée. — A ce rez-de-chaussée s'ouvrent, en bordure du parc et des parterres qui dominent l'Orangerie, les **Salles de la République et de l'Empire**. Ces salles (décoration de l'époque de Louis-Philippe), au nombre de 14 (S. 67 à 80 ; elles ne sont pas toutes ouvertes), renferment des tableaux commémorant les principaux faits de notre histoire. de 1796 à 1810. Chaque tableau porte le nom du peintre et le sujet ; les œuvres principales sont de Gros, Girodet-Trioson, Thévenin, Drolling, Horace et Charles Vernet. — Au centre des salles, Vestibule Napoléon (S. 73) : *Voltaire*, par Houdon (moulage) ; *L'Impératrice Joséphine*, par Vital-Dubray ; *Washington*. par Houdon (bronze). — La salle 80, dite Salle de Marengo, termine l'Aile du Midi. — On revient sur ses pas par les mêmes salles, ou par (ouverte rarement) une Galerie de Sculpture (bustes, statues, moulages) qui, parallèle à ces salles, ramène au vestibule d'entrée.

Premier Étage. — Le 1er étage de l'Aile du Midi est occupé par la *Galerie des Batailles* (p. 46), à laquelle monte l'escalier des Princes.

Attique du Midi (2e étage, visible tous les jours). — *Le 2e étage de l'Aile du Midi n'a pas de communication directe avec le 1er et le rez-de-chaussée de l'Aile.* On y monte par l'*Escalier de Marbre* (à g., dans la *Cour Royale*), auquel fait suite l'Escalier de Stuc, aménagé dans un style assorti, sous Louis-Philippe. — En haut de cet escalier (statue de *Bonaparte*, élève à Brienne, par L. Rochet) s'ouvrent : à dr., les salles dites de l'Attique de Chimay ; à g.. celles de l'Attique du Midi proprement dit.

L'**Attique de Chimay** comprend 10 salles (S. 174 et 176 à 184) renfermant d'**intéressants portraits et documents divers** sur la Révolution et l'Empire, parmi lesquels : — Salle 174. *Moreau le Jeune*, Assemblée des notables à Versailles (1787) ; au-dessus, premier portrait de Bonaparte, en 1785 : Prise de la Bastille ; *Bounieu*, Mirabeau (pastel) ; *David*, Barère de Vieuzac ; portrait de Robespierre (crayon) ; *Hubert-Robert*, Fête de la Fédération au Champ de Mars (14 juillet 1790) ; *Gros*, Son portrait ; *Houdon*, Buste de Lafayette ; **Kocharsky, Marie-Antoinette au Temple**, dans ses habits de veuve ; *Heinsius*, Mme Roland ; **Hauer, Charlotte de Corday** (tableau exécuté d'après nature, au tribunal révolutionnaire, par l'auteur qui était alors officier de la garde nationale) ; *David*. Marat mort (tableau et étude à la plume). — Salle 176. *Gros*, Bonaparte à Arcole ; *David*, Bonaparte ; *Mme Morin*, Mme Récamier ; *Mme Ducrest*, Mme de Genlis. — Salle 177. Batailles de la Révolution et de l'Empire. par le général *Lejeune*. — Salle 178. Portraits de la **Famille de Napoléon I**er (Napoléon. Mme Mère. Marie-Louise, le Roi de Rome, Joséphine. Murat), la plupart par *Gérard* et *Gros*. — Salles 179 et 180. Suite de la famille de Napoléon. — Salles 181 et 182. Esquisses de Gérard et de David. — Salle 183. **David, Le pape Pie VII** ; *Isabey*, Napoléon et Joséphine à Rouen et à Jouy. — Salle 184. Généraux de Napoléon.

L'**Attique du Midi** comprend : — Salle 171. **Gros. Napoléon décore les artistes au salon de 1808** (esquisse). — *E.-B. Garnier*. Mariage de Napoléon et de Marie-Louise. — Portraits de l'époque impériale.

Salle 170. — *Robert Lefèvre*. Napoléon empereur. — *Guérin* (d'après Gérard). Marie-Louise. — Portraits de l'époque impériale.

Salle 169. — **Aquarelles** et portraits de l'époque de la Restauration. — Charles X, Duc et Duchesse d'Angoulême. Duc et Duchesse de Berry, par *Gérard*, *Gros* et *Kinson*. — **Lawrence**. Le peintre Gérard. — **Girodet-Trioson. Chateaubriand.** — **Kraft. Le Duc de Reichstadt.**

SALLE 168. Cette salle forme une longue galerie, renfermant des portraits documentaires et scènes historiques de la Restauration, de l'époque de Louis-Philippe et du 3e Empire. A signaler principalement : — les **portraits** peints par **Winterhalter** (*Duchesse* et *Prince de Saxe-Cobourg* ; la *Reine Victoria* en 1842 ; *Louis-Philippe* et la *Reine Marie-Amélie*, sa femme ; l'*Impératrice Eugénie* [copie]; — ceux par **Ingres** (le *Duc d'Orléans*) et **Flandrin** (*Napoléon III*); — ceux par **Ary Scheffer** et **Horace Vernet** (*Baron et Baronne de Barante* ; la danseuse *Taglioni* ; *Gounod* ; *Armand Carrel*). — Parmi les tableaux : *Andrieux*, Lecture à la Comédie Française ; **Isabey, Retour des cendres de Napoléon.**

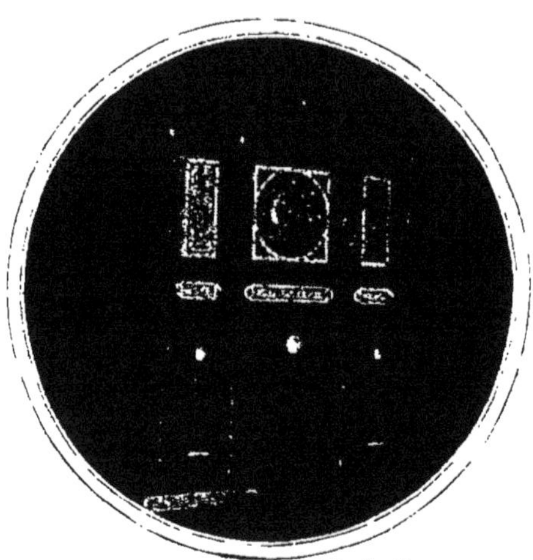

Cl. P. Gruyer.

Armoire à bijoux de
Marie-Antoinette.

Le Parc vu à vol d'oiseau.

Cl. Lévy.

Cl. P. Gruyer.

Le Château, vu du Parc.

LE PARC

Le *Parc* est ouvert du matin à la nuit ; l'été, jusqu'à 10 h. du soir. — Les *bosquets* entourés de grilles sont fermés du 1ᵉʳ nov. au 30 avril ; quelques-uns ont également leurs grilles fermées pendant l'été. Mais pour visiter les uns et les autres il suffit de *s'adresser au poste des gardiens*, qui est à l'entrée (à g.) du Tapis Vert (petit pourboire d'usage).

Le **Parc**, ou plus exactement les **Jardins** de Versailles, est l'œuvre de *Le Nôtre* (1613-1708), maître-jardinier célèbre, qui le dessina pour Louis XIV.

Histoire. — Le premier tracé des jardins est de 1661 : les derniers travaux se terminèrent à peu près en 1668. Les mêmes sculpteurs qui avaient travaillé à l'ornementation du château collaborèrent à celle du parc, sous la direction générale de **Le Brun.** — **Mansart** eut également sa part dans l'œuvre architecturale, avec l'Orangerie et la Colonnade. Le travail de terrassement du sol, pour l'aménagement des perspectives, fut considérable ; des milliers d'arbres furent amenés de partout.

Les jardins de Versailles sont le chef-d'œuvre du « jardin français », inspiré de l'Italie, mais auquel **Le Nôtre** donna une ampleur et une harmonie inconnues. Par leurs vases de marbre et de bronze, leur peuple de statues, la variété de leurs fontaines conçues et ornementées toutes différemment, par leurs jets d'eau jaillissants, ils forment un ensemble unique. Leurs immenses perspectives inondées de clarté et fuyant vers l'horizon, leurs nappes d'eau reflétant et doublant le ciel comme des miroirs, se mêlent au sombre mystère des bosquets et des allées, bordées de charmilles, en un charme inoubliable.

L'aspect de ces jardins est sensiblement différent de celui qu'il offrait sous Louis XIV. Si les grandes lignes sont les mêmes, ainsi que presque toute l'ornementation sculpturale, les allées étaient alors des chemins carrossables, sans gazons, et les charmilles, montant presque jusqu'au faîte des arbres, enveloppaient les bosquets comme de grands paravents, en laissant l'allée à ciel ouvert. Ce n'est qu'au xviiie s. que de nouveaux arbres furent plantés dans les allées mêmes et les couvrirent de ces magnifiques voûtes de verdure que nous admirons aujourd'hui. En outre, un certain nombre de bosquets anciens disparurent; d'autres furent aménagés. C'est donc surtout le parc tel que le virent les contemporains de Louis XV et de Louis XVI que nous avons maintenant sous les yeux. Une replantation partielle des arbres avait déjà eu lieu, sous Louis XIV, à la suite du grand hiver de 1709; une replantation générale fut nécessaire sous Louis XVI, en 1776; une troisième fut exécutée au xixe s., à partir de 1860, suivie d'une autre, partielle, à la suite de l'hiver de 1879-1880. Les arbres du parc en sont environ à leur 4e génération.

ITINÉRAIRE I. — TERRASSE DU CHÂTEAU, BASSIN DE LATONE, ORANGERIE, PIÈCE D'EAU DES SUISSES, ALLÉE D'EAU ET NEPTUNE. — Que l'on entre dans le Parc, soit à dr. du corps central du Château (par la Cour et le Passage de la Chapelle), soit à g. (par la Cour et le Vestibule des Princes), on débouche sur la grande Terrasse et aux Parterres d'Eau.

La **Terrasse du Château** (*V.* le plan p. 48) s'adosse au rez-de-chaussée central du Château, surélevée de 7 marches au-dessus des bassins des Parterres d'Eau.

Elle est ornée de 4 belles **statues** de bronze vert, d'après l'antique (*Bacchus, Apollon. Antinoüs, Silène*), adossées au mur du château et, aux angles, de 2 beaux **vases de marbre** : *Vase de la Guerre*, par Coysevox, à dr. (en tournant le dos au Château); *Vase de la Paix*, par Tuby (à g.).

Les **Parterres d'Eau** (nom des 2 bassins rectangulaires qui s'étendent devant cette terrasse) sont ornés de bronzes magnifiques, fondus sous Louis XIV par les frères Keller. Aux angles de chacun, quatre **statues de Fleuves** représentent (*V.* le plan, p. 48) : *La Garonne*, par Coysevox (devant le Vase de la Guerre); *La Dordogne*, par le même; *Le Loiret*, par Regnaudin; *La Loire*, par le même (devant le Vase de la Paix); puis, du côté opposé des bassins, *La Seine* et *La Marne*, par Le Hongre; *La Saône* (une des plus belles), par Tuby. et *Le Rhône*, par le même. Entre ces Fleuves, d'autres statues couchées figurent des **Nymphes des Eaux**, par Le Hongre, Raon, Le Gros et Magnier, alternant avec des **Groupes d'Enfants**, d'une grâce charmante, par Le Gros, Poultier, Van Clève et Lespingola.

Au delà des Parterres d'Eau s'étend l'admirable **Perspective des Marches de Latone**. Du haut de ces marches (à dr. et à g., 2 beaux **vases de marbre** à têtes de béliers et ornés d'un soleil, emblème de Louis XIV, par Du Goulon, à dr., et Drouilly, à g.), l'œil embrasse (en se retournant) l'immense **façade du château** dans tout son développement (580 m. d'une extrémité à l'autre et 375 fenêtres), ornée à son faîte de balustres, de flammes et de trophées de pierre (abattus sous Napoléon Ier, rétablis de nos jours sur le corps central). Le spectacle du mirage de la pierre dans les Parterres d'Eau est merveilleux. — Du côté opposé. le spectacle n'est pas moins grandiose : en dessous de soi, le **Bassin de Latone**, en marbre rouge, avec ses plombs dorés.

LATONE
NEPTUNE
[illegible] Cha[illegible]
[illegible] par
[illegible]

[illegible]
[illegible]

active des
[illegible]

PLAN DES JARDINS OU PARC DE VERSAILLES

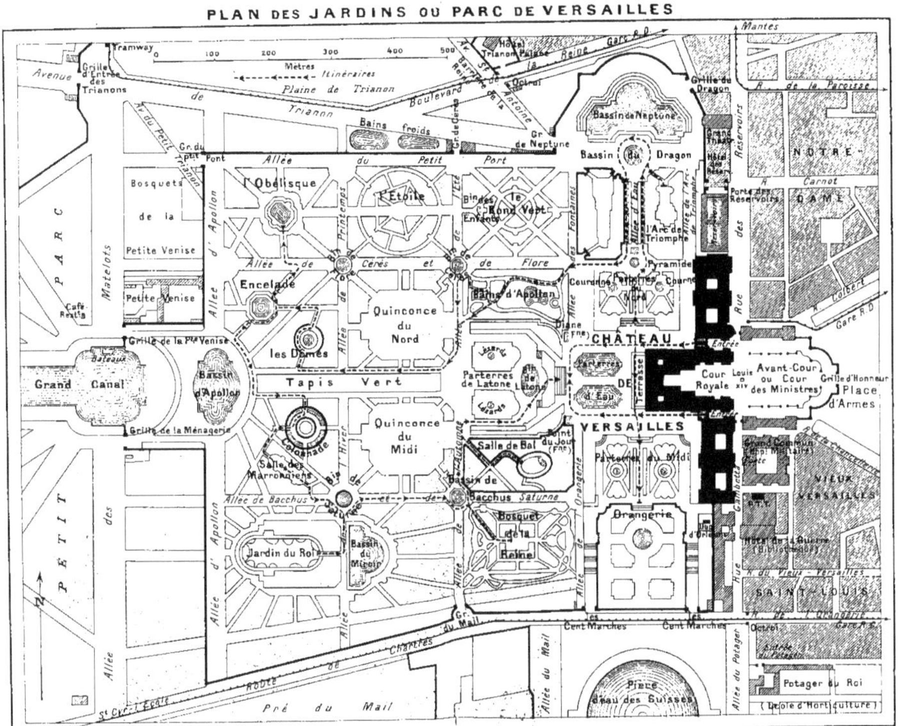

D'après les renseignements de Mr Paul Gruyer

6-B. Imp. Dufrénoy. Paris.

R. Bolzé delt

Au faîte, *Latone*, avec Apollon et Diane, ses deux enfants, demande vengeance à Jupiter des insultes que lui ont fait subir des paysans lyciens : ceux-ci sont métamorphosés plus ou moins complètement en grenouilles ; autour d'eux sont rangés des tortues et des iguanes (sorte lézard). Lors des Grandes-Eaux, hommes et bêtes lancent vers la déesse des jets qui s'entrecroisent. — Au-dessous de ce bassin, 2 autres *bassins*, improprement appelés **Bassins des Lézards**, continuent la métamorphose. — De chaque côté de la perspective que dessinent vers le Tapis Vert deux **Rampes en Fer à Cheval**, plantées d'ifs, sont rangées des *statues* reproduisant des antiques pour la plupart ; à dr. : le

Cl. P. Gruyer.

Bassin et Perspective de Latone.

Mélancolique, Antinoüs, Prisonnier barbare, Faune. Bacchus. l'Impératrice Faustine ou *Cérès. Commode, Uranie. Ganymède*, et (de l'autre côté de l'allée) **Vénus à la Coquille** (copie d'après Coysevox ; œuvre charmante) ; à g. : *le Poème lyrique, le Feu. Prisonnier barbare. Vénus Callipyge, Silène et Bacchus. Antinoüs, Mercure, Uranie, Apollon du Belvédère* et (de l'autre côté de l'allée) le *Gladiateur mourant.* Au centre du fer à cheval, petits **vases de marbre** sculptés. à sujets antiques. — Au delà. le Tapis-Vert (p. 73) trace sa ligne droite vers le Bassin d'Apollon (p. 74) et le Grand-Canal (p. 75), qui s'allonge jusqu'à l'horizon, terminé par de grands peupliers.

Les **couchers de soleil**, vus du haut des marches de Latone, sont de toute beauté. L'immensité d'espace que l'on découvre a valu à cet endroit, parmi les Versaillais, le nom populaire et pittoresque de **la Plage**.

Sur la terrasse, de chaque côté des Marches de Latone, sont les deux **Fontaines de Diane** et **du Point-du-Jour**, ou **Cabinets des Animaux**.

La **Fontaine de Diane** (à dr., en tournant le dos au Château) est précédée (sur la charmille de côté) d'une charmante statue de l'**Air**, par Le Hongre (une femme avec un aigle à ses pieds et un caméléon près

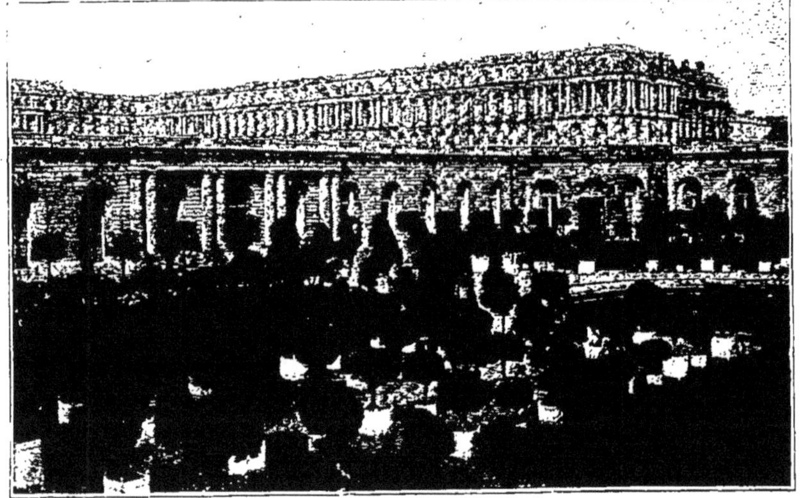

Cl. P. Gruyer.

Orangerie et Aile du Midi.

de sa main droite); elle est encadrée par la **Diane chasseresse** de Desjardins (elle symbolise le Soir et tient son arc à la main; un lévrier est à côté d'elle) et la **Vénus tranquille** de Marsy. Elle est ornée de deux groupes de bronze, fondus par les Keller (1687; **Lion terrassant un sanglier** et **Lion combattant un loup**, par Van Clève), d'une vivante allure.

La **Fontaine du Point-du-Jour** (à g.) est précédée (sur la charmille de côté) de la statue du **Point du Jour**, par Marsy (une femme avec une étoile au front). Encadrée par le **Printemps** de Magnier et l'**Eau** de Le Gros, elle est ornée de deux autres bronzes des Keller (**Ours et Tigre, Chien et Cerf**), par Houzeau.

Vers la g. de la terrasse s'étendent les **Parterres du Midi**, qui dominent les **Cent Marches**, l'**Orangerie** et la **Pièce d'eau des Suisses**.

Les **Parterres du Midi** sont ornés de « broderies de buis » décrivant sur le sol de gracieuses rosaces; on y descend, de la terrasse centrale, par des marches encadrées de 2 charmants **Sphinx et Amour**, en bronze

et marbre, par Sarrazin et Le Rambert (en face du Vase de la Paix).
Ils sont bordés de **vases de bronze** d'une ornementation exquise, par
Ballin, et, aux angles, de vases de marbre. Devant le Cabinet des
Animaux, statue couchée d'*Ariane* (ou *Cléopâtre*), copiée à Rome par
Van Clève ; du même côté, un peu plus loin, trois **marches de marbre
rose** ont été chantées par Musset (il y en a six). — Du côté opposé,
dans un retrait, à l'extrémité de l'aile du Château, *statue* en plomb de

Cl. P. Gruyer.

Parterres du Nord et Vénus accroupie.

*Napoléon I*er, en empereur romain, avec le manteau couvert d'abeilles
et la tête laurée, par Bosio (elle était destinée à être placée dans le
char de l'arc de triomphe de la place du Carrousel, à Paris ; inutilisée,
elle est venue s'échouer ici).

Les doubles *Escaliers*, dits des **Cent Marches** (103 marches ; 20 mètres
de large), à l'allure cyclopéenne, rappellent les énormes constructions
des anciens souverains de l'Égypte et de la Chaldée : ils sont l'œuvre
de Mansart et encadrent l'Orangerie, avec laquelle ils font corps. A
leur base, élégants **pylônes** avec groupes sculptés (*Vénus et Adonis,
Zéphyre et Flore*, par Le Comte, à dr. ; *Vertumne et Pomone, Aurore et
Céphale*, par Le Gros, à g.).

L'**Orangerie** de Mansart (1684-1686 ; *on n'y entre pas, mais la vue d'ensemble en est fort belle de la terrasse supérieure*) s'accote aux Parterres
du Midi par de formidables murs de soutènement ; ses galeries intérieures, magnifiquement voûtées, atteignent 384 m. de développement
et renferment une statue de *Louis XIV* par Desjardins (1686), qui devait
orner la place des Victoires à Paris. Dans les parterres, au centre
desquels est un bassin rond, s'aligne, l'été, une rare collection d'*orangers*, dont beaucoup remontent à Louis XIV.

La **Pièce d'eau des Suisses**, que l'on domine, est séparée de l'Orangerie et des Cent-Marches par la route de Versailles à Saint-Cyr. Elle fut creusée de 1678 à 1682, par un régiment de Gardes Suisses (d'où son nom), sur l'emplacement d'un ancien marécage. Ce fut un travail énorme qui contribua beaucoup à assainir Versailles ; les exhalaisons pestilentielles coûtèrent la vie à nombre de ceux qui y travaillaient et dont, dit Mme de Sévigné, on emportait tous les jours des charrettes pleines de morts. Les sommes dépensées s'élevèrent à 2 millions env. La pièce d'eau, qui était garnie d'une margelle de pierre, mesure 140 m. de long et se termine au *bois de Satory*, dont le coteau ferme l'horizon ; au pied, passe la ligne du ch. de fer de Bretagne. A l'extrémité de la pièce d'eau, *statue de Louis XIV* par Bernin, transformée par Girardon en *Marcus Curtius* (l'œuvre avait déplu au roi, qui voulait la faire briser).

A dr. de la terrasse, où nous revenons, s'étendent les **Parterres du Nord**, qui s'abaissent vers la **Fontaine de la Pyramide**, l'**Allée d'Eau** ou **des Marmousets** et la pièce d'eau de Neptune.

Les **Parterres du Nord**, qui ont conservé très exactement l'ancien dessin de Le Nôtre, sont encadrés : — à dr., par l'*Aile Nord* du Château, que domine le toit élégant de la Chapelle et d'où dépasse malencontreusement le plafond vitré de la salle de l'Opéra, transformée en salle du Sénat ; — à g., par un mur de charmilles, qui part de la Fontaine de Diane et le long duquel s'alignent, faisant suite à la Diane et à la Vénus de la Fontaine, 5 statues (*l'Europe*, par Mazeline ; *l'Afrique*, par Cornu ; *la Nuit*, par Raon ; *la Terre*, par Massou ; *le Poème pastoral* par Granier).

Prenant l'allée centrale des Parterres du Nord, bordée de petits ifs (on y accède de la Terrasse, en face du *Vase de la Guerre*, par un *escalier de marbre* ; à dr., le *Scythe écorcheur*, beau bronze vert d'après l'antique ; à g., *Vénus accroupie* par Coysevox), on passe entre les deux jolis **Bassins** ronds **des Couronnes**, ou **des Sirènes**, et on arrive à la **Fontaine de la Pyramide**. C'est une œuvre charmante, exécutée en plomb, par Girardon, d'après les dessins de Claude Perrault, l'architecte du Louvre ; lors des Grandes-Eaux, l'eau jaillit du faîte et retombe en bouillonnant sur ses vasques superposées, d'où son nom populaire de *Pot-Bouillant*. — A dr. et à g. de la Fontaine de la Pyramide, 4 statues à dr. et autant à g. sont rangées le long des charmilles (à g. : **l'Hiver,**

Cl. P. Gruyer.

L'Hiver. par Girardon.

par Girardon, représenté par un vieillard se chauffant à un brasero ; *l'Été* ou *Cérès*, par Hutinot, *l'Amérique*, avec un crocodile, par Guérin, *l'Automne*, par Regnaudin ; à dr. : *le Poème satirique*, par C. Buyster, *l'Asie*, par Roger, *le Flegmatique*, par *Lespagnandel*, *le Poème héroïque*, par Drouilly).

En dessous de la Fontaine de la Pyramide, le **Bain de Diane** offre un bas-relief délicieux de Girardon, où Diane et des nymphes nues se jouent parmi les roseaux. A dr., statue, *le Sanguin*, par Jouvenet ; à g., *le Colérique*, par Houzeau.

Au Bain de Diane, commence l'**Allée d'Eau** ou **Allée des Marmousets**. Dessinée par Claude Perrault et Le Brun (1676-1688), elle comprend 22 petits **bassins de marbre blanc**, ornés chacun de trois **enfants de bronze**, supportant une cuvette de marbre rouge. Tous ces groupes variés, par Le Gros, Le Hongre et Le Rambert, sont autant de petits chefs-d'œuvre de composition et de grâce.

Cl. P. Gruyer.

Enfants de l'Allée d'Eau.

L'Allée d'Eau nous a amenés au **Bassin du Dragon**, au **Bosquet de l'Arc de Triomphe** et au magnifique **Bassin de Neptune**, le plus colossal du parc.

Le **Bassin du Dragon** est un des plus anciens du parc ; détruit, il a été reconstruit d'après les plans et dessins qui en restaient, par le sculpteur Tony Noël, en 1889. Le groupe central figure un **Dragon percé d'une flèche**, que lui a lancée un des enfants qui l'entourent, montés sur des cygnes ; le monstre, la gueule ouverte, vomit en guise de sang un énorme jet d'eau. L'ensemble est charmant.

Le **Bosquet de l'Arc de Triomphe** s'ouvre à dr. du Bassin du Dragon. Il a été profondément modifié depuis Louis XIV : *l'arc de triomphe* en fer forgé, d'où jaillissaient des jets d'eau et qui lui a donné son nom, n'existe plus. Mais le beau groupe de **la France triomphante** (elle écrase sous une roue de son char le Lion espagnol), de Tubi et de Coysevox, restauré, se voit encore à l'entrée du bosquet. Les bustes et statues, dont (à g.) un curieux **Esope** réaliste, en plomb polychromé, par Le Gros, un *Amour tenant le fil d'Ariane* (à dr.), par Tubi, et (au fond du bosquet) le groupe de *Méléagre tuant le sanglier de Calydon*, proviennent d'anciens bosquets détruits (l'Esope vient du Labyrinthe, p. 78). L'hémicycle de marbre, élégant, est moderne et du dessin de l'architecte Leclerc (1888).

Le **Bassin de Neptune,** commencée sous Louis XIV par Le Nôtre et Mansart, ne fut terminée que sous Louis XV, en 1740, par la pose de ses groupes colossaux; il a été restauré en 1889. Il forme un vaste hémicycle en amphithéâtre, dont les pentes gazonnées font face à un mur de soutènement, de 160 m. de long, où se posent **22 vases de plomb** richement ornementés, qui existaient sous Louis XIV. Au mur, au-dessous des vases, s'adosse le groupe principal, à la large facture, de **Neptune et Amphitrite,** par Sigisbert Adam (1740), exécuté sous Louis XV ainsi que les autres groupes (Neptune est sur une grande conque, à côté d'Amphitrite; il brandit son trident et est entouré de Tritons et de Néréides). A. dr. de ce groupe : l'**Océan,** appuyé sur un monstre marin, par J.-B. Le Moine; à g. : **Protée,** autre dieu de la mer, avec une licorne, par Bouchardon. Aux deux extrémités : deux **Dragons marins** fantastiques, conduits par deux Amours, par Bouchardon. — De l'autre côté de la pièce d'eau, sous les arbres et au centre de l'hémicycle, groupe en marbre de la **Renommée de Louis XIV,** par Domenico Guidi; à g. (côté de la grille du parc), *Bérénice,* par Lespingola; à dr., l'*Impératrice Faustine,* d'après l'antique.

Cl. P. Gruyer.

Vase de Neptune.

Le spectacle du Bassin de Neptune est admirable et féerique lors des Grandes-Eaux (p. 81).

Du Bassin de Neptune (du côté opposé à la ville, *route de Trianon*), on remontera par l'Allée d'Eau à la Fontaine de la Pyramide, où on tournera à dr., à la statue de l'Hiver, pour longer la charmille et arriver à un carrefour circulaire, orné de beaux **termes de marbre,** aux graves figures, représentant des Orateurs et des Sages antiques : *Ulysse,* par Magnier (il tient une fleur, talisman que lui donna Mercure contre les enchantements de Circé); *Lysias,* par De Dieu; *Théophraste,* par Hurtrelle (il tient des pavots, la fleur du sommeil, car il gourmandait les gens qui dormaient trop); *Isocrate,* par Granier;

Cl. P. Gruyer.

Bosquet dos Bains d'Apollon.

Apollonius, par Melo). — A g. de ce carrefour s'ouvre le *Bosquet des Bains d'Apollon* (*V.* ci-dessous : II).

ITINÉRAIRE II. — BOSQUETS DU NORD (BAINS D'APOLLON, BASSINS DE CÉRÈS ET DE FLORE, LES DÔMES, ENCELADE), TAPIS-VERT, BASSIN D'APOLLON ET GRAND-CANAL (*V.* le plan, p. 64). — *N.-B. Pour les Bosquets fermés, s'adr. au Poste des gardes (petit pourboire), à l'entrée du Tapis-Vert; pendant l'été les gardes se tiennent d'ordinaire à la porte des Bosquets mêmes.*

Les **Bains d'Apollon** ont leur entrée principale en bas de la rampe de dr. de la Descente de Latone (charmante statue de la *Nymphe à la coquille*, copie d'après Coysevox). Une autre entrée est à l'angle N.-O. des Parterres du Nord (*V.* ci-dessus). Une 3e ouvre sur le carrefour du Bassin de Cérès. — Ce bosquet, assez différent des autres par son aspect, date de Louis XVI et fut dessiné, après la replantation du parc en 1776, par Hubert Robert; il appartient au genre du « jardin paysager », alors en lutte contre l'ancien « jardin français », et auquel appartient également le Petit-Trianon. Sous un énorme **rocher** artificiel, taillé en grotte, se trouve le groupe de marbre du **Bain d'Apollon** servi par les Nymphes, de Girardon et Regnaudin (exécuté sous Louis XIV pour un autre

Cl. P. Gruyer.

Cérès, par Poultier.

bosquet détruit): à dr. et à g., 2 groupes des **Chevaux d'Apollon** abreuvés par des Tritons, de Guérin et des frères Marsy. Les sombres frondaisons de ce bosquet sont magnifiques.

On sort du bosquet par l'angle de dr. (en tournant le dos au rocher d'Apollon) et on trouve aussitôt le charmant **Bassin de Cérès** ou **de l'Eté**, par Regnaudin.

[Au delà du Bassin de Cérès et vers la dr., on trouverait, un peu en retrait dans la charmille, le petit **Bassin des Enfants**, aux délicieuses figurines de Hardy. — Derrière le Bassin des Enfants, le **Rond-Vert** occupe la place de l'ancien *Théâtre d'Eau*, auj. disparu ; il est orné de statues antiques, restaurées sous Louis XIV. et endommagées (*Flore*. *Pomone*, *Cérès*, *la Santé*). — Face au Bassin des Enfants, **Bosquet de l'Etoile**, ancienne *Montagne d'Eau* disparue, orné de quelques statues antiques ou de l'époque de Louis XIV.]

Des Bains d'Apollon et du Bassin de Cérès, on revient vers la g. (**allée de l'Eté**), à l'entrée du Tapis-Vert, que précède une magnifique rangée de **termes de marbre** (*Cérès*, par Poultier ; *Diogène*, par Lespagnandelle ; *Faune*, par Houzeau ; *Bacchante*, par De Dieu ; *Hercule*, par Le Comte).

Le **Tapis-Vert** fait suite à la Descente de Latone dans la perspective du parc. Il est précédé d'une **Demi-Lune** (à g., *Poste des gardes* qui ont la clef des bosquets fermés), ornée de 4 groupes sculptés : à dr. (en tournant le dos au Château), *Papirius et sa mère* et le *Laocoon* étouffé avec ses fils par des serpents, d'après l'antique ; à g., *Castor et Pollux* et *Gaulois et Gauloise*, d'après l'antique. De ce côté continue la rangée de *termes de marbre* (*Achéloüs*, *Pandore*, *Mercure*, *Platon* et *Circé*, p. 80), en face desquels s'ouvre le Bosquet de la *Salle de Bal* (*V.* : *Bosquets du Nord*, p. 80 ; à visiter maintenant, seulement si l'on est pressé).

Le Tapis-Vert, appelé sous Louis XIV l'Allée Royale, était alors empierré et l'on s'y promenait en carrosse. Il a 330 m. de long, 40 m. de large et est couvert de gazon. Il est orné, de chaque côté, de beaux **vases de marbre** et de **statues** et se termine au Bassin d'Apollon (p. 74).

[**Statues du Tapis-Vert**. — Côté dr. (en tournant le dos au Château) : **la Fourberie**, par Le Comte (elle tient un masque et un renard est à ses pieds) ; *Junon*, statue antique, restaurée sous Louis XIV ; *Hercule et Télèphe*, copie de l'antique ; *Vénus de Médicis*, idem ; *Cyparisse*, par Flamen (inconsolable d'avoir tué un cerf qu'il aimait, il fut changé par Apollon en cyprès) ; *entrée du Bosquet des Dômes*, p. 74 ; *Artémise*, par Desjardins (elle s'apprête à boire dans une coupe les cendres diluées de son époux Mausole). — Côté g. : *la Fidélité*, par Le Fèvre (elle tient un cœur), en pendant à la Fourberie ; **Vénus**, par Le Gros, œuvre remarquable où le sculpteur a utilisé un torse antique ; *Faune*, d'après l'antique ; *Didon*, par Poultier (abandonnée par Énée, elle va se brûler sur son bûcher) ; *entrée de la Colonnade*, p. 76 ; *Amazone*, par Buirette ; **Achille à Scyros**, par Vigier (vêtu en femme, il est découvert par Ulysse qui a fait briller des armes devant lui). — Pour le *pourtour des Bains d'Apollon*, V. p. 71].

Descendant le côté dr. du Tapis-Vert, on arrive à l'entrée du Bosquet des Dômes.

Le **Bosquet des Dômes** a subi de nombreux remaniements; à dr. et à g. étaient deux pavillons à dôme (d'où son nom; on en voit l'emplacement carré); son décor de marbre et d'or a été refait de nos jours. Belles statues (de dr. à g. : *le Point du Jour*, par Le Gros; *Ino*, par Rayol; *Nymphe*, par Flamen; *Arion*, par Raon; **Galathée**, par Tuby; **Acis**, par le même; *l'Aurore*, par Magnier).

[*N.-B. — Si l'on est pressé et que l'on veuille se rendre directement aux Trianons sans revenir sur ses pas, ressortir par la même porte, traverser le Tapis-Vert et visiter immédiatement la Colonnade (p. 76), d'où l'on continuera par le Tapis-Vert jusqu'au Bassin d'Apollon (V. ci-dessous). De De celui-ci, on regagnera, à dr., le Bassin d'Encelade (V. ci-dessous), qui se trouve derrière le Bosquet des Dômes.*]

Sortant du Bosquet des Dômes par la porte opposée à celle du Tapis-Vert, on trouve : à dr., le **Bassin de Flore** ou **du Printemps**, par Tuby; à g., le Bosquet d'Encelade.

Le **Bosquet d'Encelade** renferme le bassin du même nom, avec des rocailles émergeant de l'eau (elles figurent les débris des montagnes entassées par le Titan pour escalader le ciel) et sous lesquelles est enseveli **Encelade**, par B. Marsy. Sa tête est formidable et ses poings sont crispés; sa bouche vomit, aux Grandes-Eaux, un jet de 23 m. de haut.

Le **Bosquet de l'Obélisque**, dit aussi *la Gerbe* ou *les Cent-Tuyaux*, fait suite (en tournant le dos au Tapis-Vert et au Bassin d'Apollon) au Bosquet d'Encelade. Établi sur le dessin de Mansart, on voit à son centre un bassin surélevé, aux pentes gazonnées; de nombreux jets jaillissent, sortant d'un massif de roseaux, et forment une sorte d'obélisque liquide.

[*N. B. — En continuant au delà du bosquet de l'Obélisque, on arriverait directement (5 à 10 min. env). aux Trianons.*]

Du Bosquet de l'Obélisque, on revient, à g., vers la belle allée d'Apollon, qui ramène au Bassin d'Apollon.

Le **Bassin d'Apollon**, qui termine le Tapis-Vert, vaste pièce d'eau octogonale (110 m. dans sa grande largeur, 75 m. dans sa petite), est orné, au centre, du beau groupe du **Char d'Apollon** (il sort de l'onde au lever du jour, parmi les tritons et les monstres marins), par Tuby. Un curieux effet de perspective qui, des allées avoisinantes, fait disparaître l'eau du bassin et ne laisse voir que le char semblant sortir de terre, a fait donner au groupe le nom populaire du *Char embourbé*.

L'Esplanade en Demi-Lune qui précède le Bassin d'Apollon est bordée de **termes** et de **statues**. — A l'issue du Tapis-Vert : les 2 groupes *d'Aristée et Protée* (le berger Aristée enchaine sur un rocher le dieu marin Protée, pour lui arracher le secret de ses prédictions), par

Slodtz (1723), et d'*Ino et Mélicerte* (Ino se jette dans la mer, avec son fils Mélicerte, pour échapper aux fureurs de son mari devenu fou), par Granier, d'après Girardon. — De chaque côté de l'esplanade gazonnée qui fait suite à la Demi-Lune et se continue vers le Grand-Canal, 6 statues, imitation ou restauration d'antiques, assez pauvres d'aspect et bien dégradées (à g., en allant vers le Grand-Canal : *Empereur romain, Bacchus, Hercule, Leucothoé, Hercule, Junon* ; à dr. : *Empereur romain, Bacchus, Apollon, la Clarté, Consul romain, Cléopâtre*). — De ce même côté, reste des bâtiments bas de l'ancienne **Petite-Venise**, où logeaient les matelots vénitiens de la flottille du Grand-Canal, sous Louis XIV.

Cl. P. Gruyer.

Bassin d'Apollon et Grand-Canal.

Deux grilles séparent l'esplanade du Bassin d'Apollon du **Grand-Canal** et marquent la délimitation des jardins, ou parc de Versailles proprement dit, avec l'ancien **Petit-Parc** qui s'étend au delà.

Bateaux : — *Canots automobiles*, moins de 6 pers. : 3 fr. le *tour du canal*, 1 fr. 50 *aller à Trianon* ; départ en commun : 50 c. par pers. le tour du canal, 25 c. Trianon. — *Canots à rames*, 50 c. l'heure et par pers.

Permis de pêche : — 1 fr. par ligne, pour une journée.

Restaurant : — du *Grand-Canal* (déj. ou dîn. 3 fr.), à l'entrée du Canal, près du ponton des canots.

Le **Grand-Canal**, creusé sous Louis XIV, mesure 1.670 m. de long ; sa largeur moyenne est de 62 m., de 190 m. à sa partie extrême. Il est coupé en croix, en son milieu, par 2 bras (500 m. chacun), l'un allant vers *Trianon*, l'autre vers l'ancienne **Ménagerie** (auj. école de Pontonniers Militaires), origine du Jardin des Plantes de Paris. Son périmètre total atteint 5 k. 1/2 et il couvre 23 hectares. Sous Louis XIV, il possédait pour les promenades de la Cour une véritable flottille de bateaux : chaloupes et galiotes sculptées et dorées, une galère et deux gros vaisseaux à voiles, dont l'un portait 32 canons ; 60 matelots, gondoliers et charpentiers y étaient attachés et logeaient dans les bâtiments de la Petite-Venise (p. 75), en bordure du bassin d'Apollon.

Le **Petit-Parc**, dont les futaies magnifiques bordent le canal, servait de réserve de chasse. Il est coupé de grandes allées qui vont : à dr., vers le Grand Trianon, et au delà vers Marly ; à g., vers Saint-Cyr. Il se termine à la **Grille-Royale**, que l'on voit à l'extrémité du Canal et qui sépare le parc de la *plaine de Gally*, où passe le ch. de fer de Grande-Ceinture.

Au delà du Petit-Parc s'étendait jadis le **Grand-Parc**, qui servait à la grande chasse ; il englobait 6.000 hectares de campagne, de nombreux villages et les **étangs** des hauts plateaux, qui alimentent les Grandes-Eaux.

De la Tête du Grand-Canal on pourrait se rendre directement aux Trianons (p. 83) par la grande allée, dite **avenue de Saint-Antoine**, qui fait face au ponton des bateaux. — De l'autre côté du canal, cette même allée, dite **allée des Matelots**, rejoint la route de Versailles à Saint-Cyr (route de Chartres).

Sinon, on continue l'Itinéraire III du Parc, qui remonte vers le Château par les *Bosquets du Midi*.

ITINÉRAIRE III. — Bosquets du Midi (Colonnade, Salle des Marronniers, Jardin du Roi, Bassins de Saturne et de Bacchus, Salle de Bal); *V.* le plan, p. 64. *Pour les bosquets fermés, s'adr. (petit pourboire) au Poste des gardes, à l'entrée du Tapis-Vert; pendant l'été, les gardes se tiennent d'ordinaire à la porte des Bosquets mêmes. — N.-B. Cet itinéraire, faisant suite au précédent, part du Bassin d'Apollon, à l'extrémité du Tapis-Vert, et décrit les bosquets en revenant vers le Château.*

Tournant le dos au Grand-Canal et au Bassin d'Apollon, on remonte le côté dr. du Tapis-Vert jusqu'à l'entrée du Bosquet de la Colonnade.

La **Colonnade**, un des plus beaux ornements du parc, est l'œuvre de Mansart (1685-1688).

D'inspiration italienne et antique, entièrement en marbres blanc et rose, elle se compose d'un cercle de portiques, ornés de vases à leur faîte et appuyant leurs arcades sur des colonnes et des pilastres. Sous chaque arcade, une vasque de marbre lance un jet d'eau qui retombe dans un canal circulaire. L'effet est merveilleux de cette svelte et légère architecture se découpant sur le vert profond des arbres. La Colonnade, qui a 32 m. de diamètre, est ornée de nombreux **bas-reliefs**, auxquels ont travaillé les premiers sculpteurs de l'époque (Coysevox, Tubi, Mazière, Granier, Le Hongre, Le Comte). A son centre, où l'on descend par des marches circulaires, groupe de l'**Enlèvement de Proserpine par Pluton**, un des chefs-d'œuvre de Girardon (Proserpine se débat, demi-nue, dans les bras robustes du Dieu des Enfers ; sur le socle, bas-reliefs représentant le *Char de Pluton*). La Colonnade servait, sous Louis XIV, pour les collations ; Marie-Antoinette s'y fit donner, le soir, des concerts de musique. Lors des Grandes-Eaux, lorsque les 28 vasques lancent leurs jets qui, en retombant, répercutent leur bruit dans les marbres, le spectacle est féerique.

Derrière la Colonnade se trouve la **salle des Marronniers**.

Cl. P. Gruyer.

La Colonnade.

Ce bosquet a beaucoup perdu au XVIIIᵉ s. ; les eaux vives qui l'animaient jadis ont disparu, ainsi qu'une partie de son ornementation. Il y reste 2 statues (*Méléagre* et *Antinoüs*) et 8 bustes moussus (du côté de la Colonnade : *Annibal, Octavien, Sévère, Antonin*; du côté opposé : *Marc-Aurèle, Othon, Alexandre. Apollon*); ce sont des antiques, plus ou moins retouchés sous Louis XIV. Deux petits **bassins** circulaires, avec une vasque de marbre, se voient à chaque bout de cette esplanade ombreuse et mélancolique.

De la Salle des Marronniers, on arrive en quelques pas au **Bassin de Saturne** ou **de l'Hiver**, par Girardon (groupe charmant du vieillard barbu, qui est l'image du Temps, et qu'entourent de petits Amours ailés, dont l'un tient un soufflet).

Presque immédiatement à dr. est le **Jardin du Roi,** que précède le **Bassin du Miroir.**

Le **Bassin du Miroir**, aux glacis gazonnés (4 statues : deux *Vestales*, *Apollon* et *Vénus*, antiques restaurés), est tout ce qui reste du bosquet appelé sous Louis XIV l'*Ile Royale*, ou *Ile d'Amour*, et qui s'étendait (avec un bassin et une île au milieu) sur l'emplacement actuel du Jardin du Roi.

Le **Jardin du Roi** (1816), qui fait face au Miroir, a été dessiné par l'architecte Dufour, sous Louis XVIII, à la place de l'Ile Royale dont le bassin était devenu un marécage infect. Entouré d'un treillage, il est renommé pour ses *fleurs admirables*. Au centre, élégante **colonne** portant une petite statue de Flore. Hors du treillage, statues colossales de l'*Hercule Farnèse* et de la *Flore Farnèse*, copies de l'antique (faites sous Louis XIV).

On revient au Bassin de Saturne, d'où on gagne (même allée) le **Bassin de Bacchus** ou **de l'Automne**, avec son groupe exquis par Marsy. Au fond de l'allée, on aperçoit les énormes murs de soutènement de l'Orangerie.

A dr. du Bassin de Bacchus, on entre au **Bosquet de la Reine**, ancien Labyrinthe.

Sous Louis XIV, un **labyrinthe**, dont les allées bordées de charmilles tournaient et s'entre-croisaient habilement, abritait une foule de *fontaines* dont les plombs ornementés représentaient, avec des animaux divers, les *Fables d'Esope*. Ce bosquet fut détruit sous Louis XVI, en 1775, et le bosquet actuel, appelé d'abord **Bosquet de Vénus**, fut constitué en même temps que les Bains d'Apollon. Il est orné de 4 *bustes* et de 3 statues (*Minerve*, d'après Coustou ; *Diane*, par Flamen, au centre ; *Gladiateur combattant*, d'après l'antique). — C'est dans ce bosquet que se noua la fameuse mystification du cardinal de Rohan par Mme de la Motte, qui devait se terminer par l'affaire du Collier. Le cardinal de Rohan, qui déplaisait à Marie-Antoinette, désirait vivement rentrer en faveur auprès d'elle ; une intrigante, Mme de la Motte, descendante des Valois par les bâtards, lui fit croire qu'elle était admise dans l'intimité de la reine et que celle-ci lui accordait, dans le parc, une entrevue nocturne. Le 11 août 1784, la nuit étant obscure, une jeune femme de mœurs galantes, Nicole d'Oliva, qui ressemblait à Marie-Antoinette, fut vêtue comme elle et amenée dans ce bosquet par Mme de la Motte. Rohan en reçut une rose, à genoux, et quelques jours après il versait 50.000 livres entre les mains de Mme de la Motte, qui les lui avait demandées de la part, soi-disant, de Marie-Antoinette. Un an après et encouragée par ce succès, Mme de la Motte persuade à Rohan que la reine désire acheter par son entremise, au joaillier Böhmer, un collier de diamants estimé 1.600.000 livres, qu'elle paiera par billets. Rohan répond du paiement et le collier, livré à Mme de la Motte, est dépecé et vendu aussitôt en détail, où elle peut. Bientôt tout ne tarde pas à se découvrir. Au lieu d'étouffer l'affaire, Marie-Antoinette, exaspérée contre Rohan, commet la faute de le faire arrêter et décréter d'accusation, quoiqu'il fût évident pour tous que le cardinal avait été une simple dupe ; il fut acquitté par le Parlement et toute la royauté bafouée en la personne de la reine, déjà si peu populaire.

Cl. P. Gruyer.

Bassin de Neptune.

Du Bassin de Bacchus on se dirige, du côté opposé au Bosquet de la Reine, vers la Descente de Latone et l'entrée du Tapis-Vert par l'allée de l'Automne, ornée de beaux **termes de marbre** : *Circé*, par Magnier (magicienne à l'énigmatique sourire); *Platon*, par Rayol (il tient le médaillon de Socrate); *Mercure*, par Van Clève; *Pandore*, par Le Gros (elle tient la boîte fatale d'où les maux s'envolèrent sur l'humanité); *Achéloüs*, par Mazière (avec sa corne d'abondance). — Un peu avant la rampe de Latone, à dr., entrée du Bosquet de la Salle de Bal.

La **Salle de Bal**, ou **des Rocailles**, date de Louis XIV; elle a été restaurée depuis. C'est un amphithéâtre gazonné, faisant face à des *rocailles* où l'eau tombe en cascades. Des vases et de grosses **torchères** de plomb, jadis doré, et un groupe de l'*Amour domptant un satyre* complètent l'ornementation. On dansait sur le sol de l'arène et les musiciens se tenaient au-dessus des rocailles; les spectateurs s'asseyaient sur les gradins de gazon, où se servait aussi la collation.

De la Salle de Bal, on revient à l'entrée du Tapis-Vert, en laissant à dr. la statue du *Gladiateur* ou *Gaulois mourant*, d'après l'antique, et à g. le **Quinconce du Midi** (musique militaire, en été, les mardi, jeudi et dim., de 3 h. à 4 h. 1/2).

ITINÉRAIRE DES GRANDES-EAUX. — Les **Grandes-Eaux** des bassins (*V.* les jours et heures, p. 8) sont **un des principaux attraits de Versailles.** C'est un spectacle merveilleux et dont l'œil, semble-t-il, ne se lasse jamais.

Les jets sont au nombre de 607 (ils étaient 1.400 sous Louis XIV) et utilisent 10.000 m. cubes d'eau : l'eau des bassins supérieurs repasse, après son emploi, dans les bassins inférieurs. La canalisation souterraine atteint 20 k. Cette eau provient en majeure partie de tout un système d'étangs et de rigoles, qui date de Louis XIV, et qui draine au loin les eaux de pluie sur des plateaux qui dominent Versailles. La fameuse *Machine de Marly* (*V. Histoire*, p. 15) ne sert plus maintenant qu'à alimenter la ville d'eau de source.

Itinéraire. — Pour voir les Grandes-Eaux (*elles durent une heure et on a le temps d'assister à leur jeu complet, sans courir*), on suivra cet itinéraire qu'indique d'ailleurs le mouvement de la foule : — Attendre, sur la Terrasse du Château, aux *Parterres d'Eau* (à chacun, gerbe de 10 m., qu'entourent 16 jets inclinés formant corbeille), le début des Grandes-Eaux (on voit les fontainiers, avec de grandes clefs, aux bouches de fonte de la tuyauterie souterraine). À dr. et à g. des Marches de Latone : *Fontaines de Diane* et du *Point-du-Jour*, ou *des Animaux*. Au-dessous des Parterres d'Eau : *Bassin de Latone*, où les grenouilles et les tortues croisent leurs jets, en voûte, sur la déesse Latone. — Descendre à g. la Descente de Latone, vers le Tapis-Vert. Un peu avant l'entrée du Tapis-Vert, à g. : *Salle de Bal* ou *des Rocailles*, où l'eau retombe sur les rocailles, en nappes argentées. — Revenir (à g., petit *Bassin de Bacchus*) au Tapis-Vert que l'on descend, à g., jusqu'à la *Colonnade*, un des motifs plus féeriques, avec la résonnance de l'eau dans les marbres.

— Revenir au Tapis-Vert et continuer jusqu'à son extrémité. au *Bassin d'Apollon* (3 énormes gerbes, l'une de 18 m., les autres de 15 m.).

Du bassin d'Apollon, on revient sur ses pas et on gagne à g. (en tournant le dos au bassin) le *Bassin d'Encelade*, où le géant vomit un jet de 23 m., entouré de petits bouillons d'eau. — D'Encelade, en continuant vers la g., on atteint l'*Obélisque*, où de nombreux jets sortent d'une touffe de roseaux. — Revenant sur ses pas et tournant le dos à l'Obélisque, on gagne le petit *Bassin de Flore*, puis à dr., vers le Tapis-Vert, le *Bassin des Dômes*, dont les balustrades d'appui se transforment en rigoles. — Remontant le Tapis-Vert vers le Château, on entre, à l'extrémité du Tapis-Vert, à g., au bosquet des *Bains d'Apollon*. — On en ressort, du côté opposé, en bas des Parterres du Nord : *Bassins des Couronnes ou des Sirènes*; *Fontaine de la Pyramide*, dite le *Pot-Bouillant*. — Ensuite, par le *Bain de Diane* (au-dessous du Pot-Bouillant) et l'*Allée des Marmousets*, on arrive au *Bassin du Dragon* (jet de 27 m., le plus haut du parc) et à Neptune.

Le *Bassin de Neptune*, qui joue le dernier, est le plus grandiose : c'est le « clou » des Grandes-Eaux; 63 jets s'élèvent, comme autant de lances liquides, des vases de plomb et de la margelle où ils sont posés, tandis que le groupe central de Neptune et d'Amphitrite disparaît sous l'écume de grosses gerbes.

Cl. P. Gruyer.

Encelade.

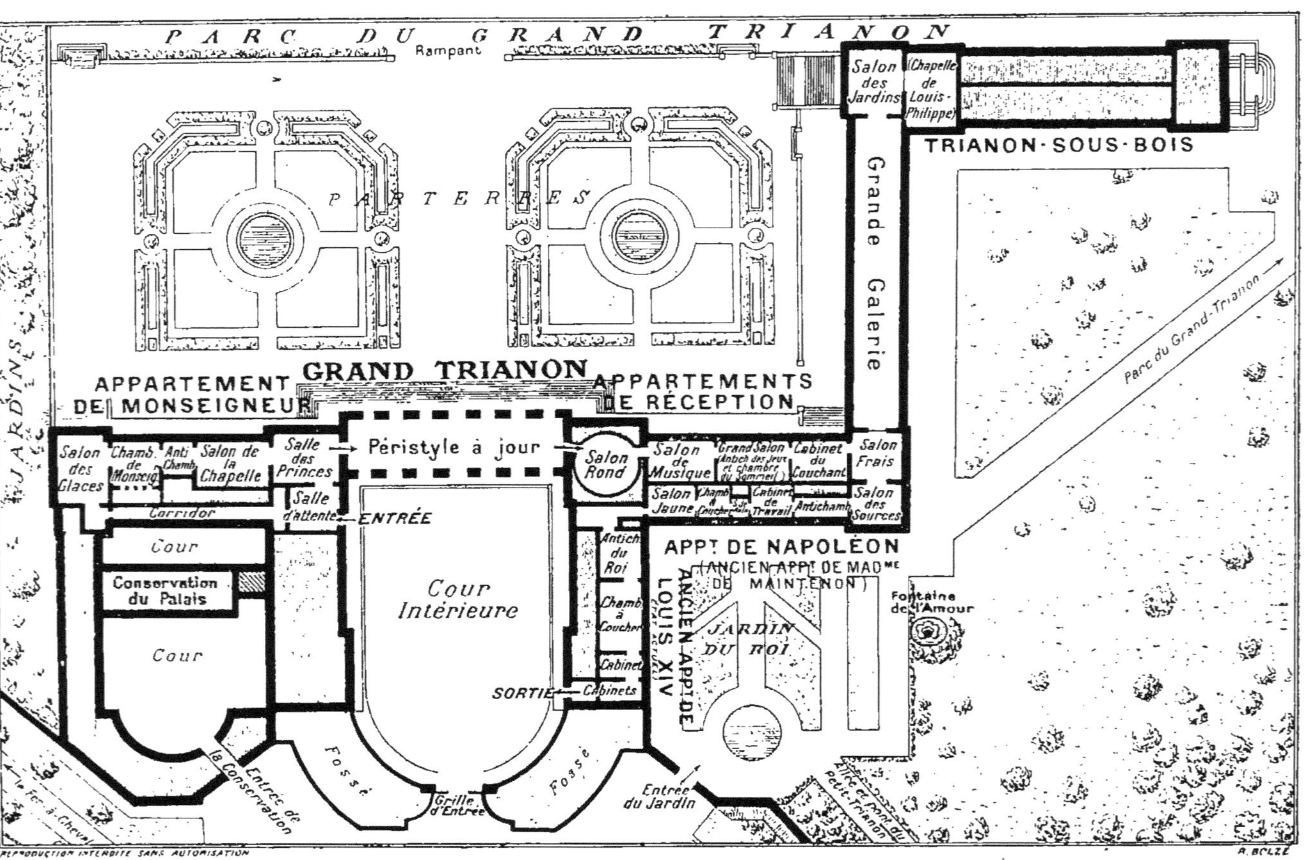

Plan du Grand Trianon.

Cl. P. Gruyer.

Le Grand Trianon (Façade sur le Parc).

LES TRIANONS

Le *Grand Trianon* et le *Petit Trianon* sont ouverts, sauf le lundi : du 1er mai au 31 août, de 11 h. mat. à 6 h. s. ; du 1er sept. au 31 oct., de 11 h. à 5 h. ; du 1er nov. au 1er mars, de 11 h. à 4 h. ; du 1er mars au 31 avril, de 11 h. à 5 h.

Le *parc* et les *jardins* tous les jours, jusqu'à la nuit.

On se rend aux Trianons : *De la ville*, par le bd de la Reine et l'avenue de Trianon ; tram (disque rose) de la gare Rive-Droite à Trianon (15 c.), en corresp. avec les autres trams (20 c.) ; voiture de place, 1 fr. 25 ; autos-taxis, *V.* p. 7 ; — *du Château*, à pied, par le Parc, 20 min. env. ; — *du Parc (Grand-Canal)*, en bateau, *V.* p. 75.

Le tram amène à la **grille d'entrée** du mur qui enclôt les deux Trianons ; on voit devant soi le *Grand Trianon*, à dr. le *Petit Trianon*. A g., **avenue de Saint-Antoine** allant vers le Grand-Canal ; à dr., même avenue aboutissant à la lourde **Porte Saint-Antoine**, construite sous Louis XVI, en style néo-grec, et d'où part la route de Rocquencourt. — Les voit. et autos pénètrent jusqu'à l'entrée intérieure des deux palais.

Le **Palais du Grand Trianon**, qui n'a qu'un rez-de-chaussée, fut construit par ordre de Louis XIV pour s'y reposer du faste de Versailles ; il nous offre encore aujourd'hui son somptueux décor de marbres à l'italienne, encadré d'une verdure merveilleuse. Les balustres des toits étaient jadis ornés de vases et de groupes d'enfants.

Histoire. — Dès le début de la construction de Versailles, **Louis XIV** eut à cet endroit un petit pavillon de plaisance, dit *Trianon de Porcelaine* (il était décoré, dans le goût chinois, de faïences blanches et bleues), où il venait collationner avec la reine et avec Mme de Montespan; un riche *jardin des fleurs* l'entourait. En 1687, il fit abattre ce charmant pavillon et le Trianon actuel fut construit par *Mansart*, qui dessinait en même temps le parc et ses bassins, et avec qui collabora sans doute son neveu, *Robert de Cotte*. Louis XIV, qui y donna un appartement à Mme de Maintenon, devait, à la fin de son règne, abandonner presque complètement Trianon pour Marly. — **Louis XV** y fit faire des remaniements intérieurs assez considérables, tant dans l'ornementation, que pour rendre les pièces plus confortables et moins froides; il étendit également les jardins vers la dr. du palais et fit construire le *Petit Trianon*, par Gabriel (*V*. p. 91). C'est celui-ci qui fut surtout en faveur sous Louis XVI et Marie-Antoinette. — **Napoléon** fit remeubler le Grand Trianon, dépouillé comme Versailles à la Révolution, et vint l'habiter plusieurs fois; il s'y retira notamment, le 16 décembre 1809, le jour de son divorce avec Joséphine; il y vint en 1810, avec Marie-Louise. Un riche *mobilier Empire* y est en partie demeuré ou revenu.

En 1815, les Alliés envahirent Trianon. En 1818, Wellington y fut reçu à dîner par Louis XVIII. Le 31 juillet 1830, **Charles X.** chassé de Paris, s'y arrêta quelques heures avec la duchesse de Berry, avant de reprendre sa fuite vers Rambouillet. — **Louis-Philippe** remania et restaura à sa façon le Grand-Trianon, en 1837; il en badigeonna les dorures, s'y installa une chambre, une chapelle, des meubles et y tint souvent conseil. Finalement, il s'y arrêta une dernière fois, comme Charles X, dans sa fuite du 24 février 1848. — Sous le **deuxième Empire**, un certain nombre de meubles anciens, de la royauté et du premier Empire, furent envoyés à Trianon. Enfin, le 10 décembre 1873, le maréchal Bazaine fut jugé et condamné à mort sous le Péristyle du Grand Trianon, qui avait été transformé, sous Napoléon Ier, en galerie vitrée.

Le conservateur actuel des Trianons est *M. Humberdot*.

La Cour du Grand Trianon est fermée, du côté de l'arrivée, par un petit fossé. A g. se voient les anciens **Communs**, auj. bureaux du Conservateur. — Passant le pont et la *grille* centrale, on se trouve dans une Cour carrée, s'ouvrant par un magnifique **Péristyle** à jour, à pilastres et à colonnes de marbres de couleur, sur la verdure du parc. *L'entrée du palais est à g., dans la Cour; on visite par escouade, sous la conduite d'un gardien (petit pourboire d'usage).*

AILE GAUCHE. — Un long *corridor* amène au **Salon des Glaces**, décoré, comme la Grande Galerie de Versailles, de glaces carrées, à biseaux, qui en tapissent les murs; cette décoration date de Louis XIV et c'est à ce point de vue *une des pièces les plus intéressantes*. — Belle *cheminée* de l'époque Louis XVI. — Jolis *meubles* de style Empire. — Grande *table* qui servit sous Louis-Philippe au conseil des ministres (en chêne de Malabar, d'une seule pièce de 2 m. 76 de diamètre; la sculpture,

de pseudo-style Empire, est mauvaise et lourde). — Ce salon et les
4 pièces qui suivent composèrent le 1er Appartement de Louis XIV à
Trianon; il devint, en 1705, Appartement de Monseigneur (fils de
Louis XIV), nom sous lequel il est ordinairement désigné; la mère de
Napoléon, puis Louis-Philippe, l'ont ensuite habité.

Chambre de Monseigneur. — D'abord *Chambre de Louis XIV*, puis
de Monseigneur (boiseries de l'époque, dont les filets dorés ont disparu,
comme dans toutes les autres pièces; la *cheminée* semble de

Salon Rond du Grand Trianon.

Cl. P. Gruyer.

Louis XV); devenue *chambre de Madame Mère* (mère de l'Empereur),
sous Napoléon, puis *de Louis-Philippe*. Le beau lit doré, de style Empire,
est celui **de Madame Mère**, ainsi que les tentures du dais; Louis-Philippe le prit pour lui et y fit ajouter son chiffre: les tentures d'encadrement de l'alcôve sont de Louis-Philippe. Le reste de l'ameublement
et la balustrade sont de l'Empire. — Tableaux de *Fleurs* par Monnoyer
(époque de Louis XIV).

Antichambre de Monseigneur. — Boiseries de l'époque. — Tableaux
par Houasse (*Vie de Minerve*).

Salon de la Chapelle. — Boiseries de l'époque. — Dans un renfoncement, au fond de la pièce, était placé l'autel. — Tableaux de *Fleurs*,
par Monnoyer (époque de Louis XIV). — *Louis XV* (à seize ans) et
Marie Leczinska (à vingt-deux ans), par J.-B. Vanloo.

Salle des Princes ou **des Seigneurs**. — Cette salle correspondait à
l'Œil-de-Bœuf de Versailles et c'est par elle que l'on entrait, du Péri-

style central. — Au-dessus de la cheminée, *Armes de Louis XIV*, peintes par Mignard.

On sort et on traverse le Péristyle à jour, pour gagner l'Aile droite.

AILE DROITE. — **Salon des Colonnes** ou **Salon Rond.** — La majeure partie de sa belle décoration date de Louis XIV; les dessus de portes convexes, remaniés, sont de l'époque de Louis XV; la pièce fut alors transformée en chapelle, emploi qu'elle garda sous Louis XVI. Sous Louis XIV, c'était l'*Antichambre* des APPARTEMENTS DE RÉCEPTION, qui occupaient les pièces qui suivent.

Salon de Musique. — Boiseries de l'époque de Louis XIV, ainsi qu'aux pièces suivantes. — Tableaux : *Louis XV*, par Van Loo; *Marie Leczinska*, par Nattier.

Grand Salon. — Il formait 2 pièces sous Louis XIV (*Antichambre des Jeux*, pour le Jeu, et *Chambre du Sommeil*, avec des lits de repos).

Cabinet du Couchant. — Il forme, sur le parc, l'angle de la façade principale et de celle en retour; son nom lui vient de son exposition au couchant.

Salon Frais. — Il est ombragé par de grands arbres. — Tableaux : *Louis XIV*, le *Grand-Dauphin* (fils de Louis XIV), le *Duc de Bourgogne* (fils du Grand-Dauphin), le *Duc d'Anjou* (qui devint roi d'Espagne), par, ou d'après Rigaud; *Louis XV*, par Van Loo; le *Dauphin* (fils de Louis XV), par Natoire. — **Coupe** et **vases en malachite** (habile mosaïque d'une infinité de petits morceaux), don de l'Empereur de Russie à Napoléon, après la paix de Tilsitt (les montures ciselées ont été faites en France), d'où le nom donné à la pièce de *Salon des Malachites.*

AILE EN RETOUR. — Sur le Salon-Frais s'ouvre, à g., la Grande-Galerie, qui occupe l'aile en retour sur le parc.

La **Grande Galerie** a gardé son ancienne **décoration de Mansart** (les filets de dorure ont disparu) et ses motifs de bois sculpté; les marbres rouges et les bas-reliefs dorés sont de l'époque de Louis-Philippe. — Entre les fenêtres, intéressants **tableaux** anciens de Cotelle, représentant les **Jardins de Versailles** sous Louis XIV, traités avec une grâce charmante dans le style mythologique (les Dieux et des Nymphes descendent du ciel pour s'y ébattre). — Belles **tables de marbre** blanc, provenant du parc du Petit Trianon. — La Grande Galerie se termine par un grand salon, dit **Salon des Jardins**, qui ouvre d'un côté sur le parc, de l'autre sur l'aile de Trianon-sous-Bois.

AILE DE TRIANON-SOUS-BOIS (on ne visite pas), ajoutée sous Louis XIV, en excroissance au monument primitif, afin de l'agrandir. — Elle a gardé en grande partie sa décoration primitive et comprend 2 étages. La Princesse Palatine, mère du Régent, y a notamment demeuré sous Louis XIV. Une *chapelle* qui existe encore (sans intérêt) a été aménagée sous Louis-Philippe.

On revient au Salon Frais.

Salon des Sources. — Ainsi nommé sous Louis XIV, de nombreuses petites *sources* qui coulaient dans les parterres situés sous ses fenêtres. Il servit, ainsi que le Salon Frais, à loger la Duchesse de Bourgogne, belle-fille de Louis XIV et mère de Louis XV. — **Tableaux de Boucher** (d'où son autre nom de « Salon des Boucher ») : *Neptune et Amymone*; *Vénus et Vulcain*; *La Bonne Aventure*; *La Pêche* (ces tableaux, placés là sous la Restauration, ont été agrandis par le haut). — Sur la che-

minée : **Ancien aqueduc de Néron**, à Rome, par **Hubert Robert**. —
L'Hiver, par **N. Coypel**. — Napoléon se fit de la pièce une *Bibliothèque*.
  On se trouve, à partir de cette pièce, sur la façade qui regarde le
Jardin du Roi. Les 5 pièces formèrent, sous Louis XIV, l'APPARTEMENT
DE Mme DE MAINTENON. Elles furent ensuite habitées par Louis XV (en
1744), par le roi de Pologne (père de Marie Leczinska, femme de
Louis XV) et par Mme de Pompadour. Finalement, ce fut l'APPAR-
TEMENT DE NAPOLÉON ET DE MARIE-LOUISE, à l'époque du baptême du

Cl. P. Cruyer.

Parc du Grand Trianon.

Roi de Rome (1811). La décoration des pièces et des meubles (en partie
rapportés) sont de cette époque :
  Antichambre. Tentures jaunes (refaites). — **Cabinet de Travail** de
Napoléon. *Tentures bleues*, anciennes. — **Salle de Bains**. La baignoire
est recouverte par un canapé. — **Chambre de Marie-Louise** (Napoléon avait aussi sa chambre, dont on ignore l'emplacement exact). **Lit** en
bois d'orme, avec appliques de cuivre doré (il provient du Château de
Meudon), magnifique spécimen du style Empire, et beau **couvre-pied** de
soie. *Buste de Marie-Louise*. Jolie *pendule* et beau *guéridon*. — **Salon
Jaune**. Table en mosaïque romaine, offerte par le pape à Napoléon (la
monture est médiocre, mais la mosaïque est d'une grande valeur par sa
finesse). *Pendule* curieuse.
  On tourne sur l'autre face du Jardin du Roi. Les pièces qui suivent
comprirent d'abord, sous Louis XIV, une Salle de Comédie, Bals et
Ballets, détruite en 1705, lorsque Louis XIV donna au Grand-Dauphin
son appartement de l'Aile gauche. Alors fut aménagé ici le 2e APPARTE-
MENT DE LOUIS XIV.

Antichambre du Roi. — Belle **cheminée** (époque Louis XV) en brèche violette. — Belle **table** de l'époque de Louis XIV, avec dessus de mosaïque (animaux). — Tableaux : *Fleurs*, par Monnoyer, et *Fleurs et Fruits*, par Blain de Fontenay (époque de Louis XIV).

Chambre du Roi. — Défigurée ; elle fut meublée sous Louis-Philippe

Cl. P. Gruyer.

Fontaine de l'Amour.

pour la reine d'Angleterre Victoria, qui n'y vint pas ; les meubles et le lit sont de mauvais goût. — Tableaux : *Fleurs*, par Monnoyer, et *Fleurs et Fruits*, par Blain de Fontenay (époque de Louis XIV).

Une petite *antichambre* et le *corridor de sortie* occupent les anciens **Cabinets du Roi** (Cabinet du Conseil, etc.).

On sort dans la même cour par laquelle on est arrivé.

N.-B. — Si l'on est pressé, on ira aussitôt visiter le Musée des Voitures (à g. en sortant du Grand Trianon ; p. 89), d'où on gagnera le Petit Trianon (p. 91). Sinon, on visitera avec intérêt le Parc du Grand Trianon.

Parc du Grand-Trianon. — Le Parc du Grand-Trianon a été dessiné par Mansart ; moins fréquenté que celui de Versailles, il offre un charme mélancolique et puissant. Les **eaux des bassins** y jouent, l'été, le 3ᵉ dim. du mois.

Du Péristyle à jour du palais, on descend dans des **parterres de fleurs**, ornés de 2 *bassins* circulaires. La façade du palais se développe dans toute sa beauté, avec ses colonnes et ses pilastres, de marbre blanc et rose, et le retour d'équerre de la Grande Galerie. En face de soi (en tournant le dos au palais) on aperçoit, dans un encadrement de sombre verdure, le Bassin du Plafond-d'Eau (*V*. ci-dessous) et ses marbres rouges. — Se dirigeant vers la g., on arrive à la **Terrasse de l'escalier du Grand-Canal**, en pierre et à double rampe en fer-à-cheval (grilles fermées), d'où la vue est magnifique (en face, bras de l'ancienne *Ménagerie* de Louis XIV). C'est ici que la Cour arrivait en gondole à Trianon. Les *canots* du Grand-Canal y débarquent aujourd'hui leurs passagers.

On revient ensuite, en obliquant vers la g., au **bassin du Plafond-d'Eau**, ou **du Miroir**, décoré aux angles de jolis *vases de plomb* (modernes) et de 2 *Dragons* de style chinois, par Hardy. Çà et là, *statues*, d'après l'antique, rongées de mousse. — A dr. du Plafond-d'Eau (en tournant le dos au palais), on gagne le **Buffet**, belle fontaine en forme de buffet ou de desserte, dessinée par Mansart, en marbre blanc et rouge et à plombs dorés (*bas-reliefs* représentant des fleurs de soleil, des canards; au faîte, *Neptune et Amphitrite*): c'est la **pièce principale** des eaux du Grand Trianon. — Du Buffet, on revient sur ses pas par l'Allée qui lui fait face (on remarque les *plans de marbre inclinés* qui servaient au passage des *brouettes de promenade* ou *chaises roulantes* de la Cour) et qui aboutit à l'aile de Trianon-sous-Bois, humide sous les grands arbres. A g., un peu avant, est l'**Amphithéâtre**, décoré de 25 *bustes de marbre*, d'après l'antique, et d'un **bassin** avec 4 charmantes statues de **Nymphes**. —

Revenant vers Trianon-sous-Bois (belle **rampe de fer forgé** de l'époque de Louis XV ; jolis *mascarons* sculptés des fenêtres), que l'on contourne vers la g. (bassin carré avec **Faune et Panthère**, par Marsy), on passe sous de grands sapins et devant la charmante **Fontaine de l'Amour** (restaurée ; *Amour sur un dauphin* et belle vasque), par Marsy, pour arriver (à dr.) au petit parterre carré dit **Jardin du Roi** (*bassin* orné d'un petit groupe d'*Amours tenant une fleur*, par Tuby). — Du Jardin du Roi, un **pont**, à g. (construit sous Napoléon Ier), relie le Grand au Petit Trianon, tandis qu'une **porte** carrée, dans le mur du parc, nous ramène à l'esplanade qui précède le Grand Trianon.

Cl. Neurdein.

Carrosse du Sacre de Charles X.

A g. du Palais du Grand Trianon et de la sortie du Jardin du Roi se trouve, dans un petit pavillon, le curieux **Musée des Voitures**.

Carrosse du sacre de Charles X, énorme voiture dorée qui, malgré ses retouches, donne bien l'idée de ce qu'étaient les carrosses de l'ancienne Cour (il servit, en 1856, au baptême du Prince Impérial, sous Napoléon III, et fut alors remanié et repeint en grande partie ; au faîte, groupe de Renommées soutenant la couronne impériale ; l'aigle de Napoléon a remplacé les armes de France). — **Calèche de baptême** (1820) du duc de Bordeaux (futur comte de Chambord), qui servit ensuite (1853) au mariage de Napoléon III et de l'impératrice Eugénie. — **Calèche de Napoléon I**er, dite la *Topaze*, qui fut sa voiture de mariage avec Marie-Louise. — **Chaises à porteurs** de Marie Leczinska et de Marie-Antoinette. — **Traîneaux** du xviie et du xviiie s., dits de Mme de Maintenon et de Mme Du Barry (celui-ci en forme de bête), qui servaient l'hiver, sur le Grand Canal. — Collection de *harnais*.

Du Musée des Voitures on gagne (à g. en sortant) l'entrée du Petit Trianon.

Cl. P. Gruyer.

Bronze du Buffet.

Cl. P. Gruyer.

Le Petit Trianon.

LE PETIT TRIANON

Le **Palais du Petit Trianon** fut construit pour Louis XV, en 1766, par l'architecte Gabriel; il devint surtout célèbre sous Marie-Antoinette, qui fit agrandir les jardins et aménager le fameux Hameau paysan, qui subsiste encore.

Histoire. — **Louis XV** ne sachant comment distraire son ennui, Mme de Pompadour lui fit établir en 1749, à proximité du Grand Trianon, une petite *Ménagerie* paysanne, avec vaches, poules et pigeons, qui s'orna bientôt d'un élégant pavillon de repos, dit Pavillon Français (1751; p. 98), puis d'un *jardin botanique* où, en 1758. B. de Jussieu vint étudier. De 1762 à 1768, Louis XV compléta cet ensemble par le palais du Petit Trianon, dont l'intimité répondait mieux au goût du siècle que tous les grands palais, de plus en plus délaissés; *Gabriel* en fut l'architecte. Mme Du Barry y remplaça Mme de Pompadour, morte en 1664, et s'installa près du roi. C'est là que Louis XV, le 27 avril 1774, âgé de 61 ans, sentit les premières atteintes de la petite vérole infectieuse qui devait l'emporter. — **Louis XVI**, devenu roi, donna à **Marie-Antoinette** les deux Trianons. Le Petit Trianon surtout plut à la reine, qui s'y installa « chez elle », et y reçut son peu brillant mari à titre seul d'invité; elle édicta tous les règlements en son nom personnel, ce qui fut un grand scandale. Elle y venait presque chaque jour, quand la Cour était à Versailles, et y séjournait souvent un mois entier, affranchie de toute étiquette. Sa société se composait de la princesse de Lamballe, des Polignac, des Coigny, de Besenval, de Guiches, d'Esthérazy, et de ses deux beaux-frères, les comtes de Provence et d'Artois (futurs Louis XVIII et Charles X); société de réputation médiocre et légère, dont les torts rejaillirent infailliblement sur Marie-Antoinette. Une petite *salle de Comédie* permit à la reine de monter sur les planches et d'y débuter, le 1er août 1780. Mais le principal attrait fut le nouveau *jardin anglo-chinois* ou *jardin paysager*, constitué de 1774 à 1786; grottes, rochers, rivière, petits pavillons intimes, arbres exotiques et, en dernier lieu, *hameau paysan* le constituèrent, dans une réaction du goût de la « nature », mise à la mode par Rousseau, contre l'ancien jardin français. — **La Révolution** démeubla entièrement le Petit Trianon; une partie des objets fut vendue; les plus beaux furent réservés pour le musée du Louvre. Napoléon s'y vint promener et ordonna d'utiles travaux de réfection, pour y installer sa sœur, **Pauline Borghèse**. — Des restaurations plus récentes y ont eu lieu. Un certain nombre de meubles y ont été rétablis (beaucoup proviennent de Fontainebleau), soit contemporains de Marie-Antoinette, soit lui ayant appartenu, car c'est elle surtout dont plane ici le souvenir, à la fois frivole et gracieux.

La Cour du Petit.Trianon est fermée par une grille que l'on franchit (à dr. et à g.. petites *niches de pierre* des anciens gardes; à g., **Chapelle** de 1772, qu'on ne visite pas, renfermant un tableau de Vien, qui figure *St Louis et Marguerite de Provence visitant St Thibaut*). — A dr. de la cour, *entrée des Jardins et du Hameau*.

Au fond de la cour se présente, de côté, le palais du Petit Trianon, carré, en pierre de taille, avec un toit plat à balustres, des colonnes et des pilastres cannelés; son architecture, à la fois simple et élégante, est celle d'un petit hôtel privé de l'époque Louis XV. La façade principale est à g., sur le jardin (*V.* p. 98). — *On visite par escouades, sous la conduite d'un gardien (petit pourboire d'usage).*

Du VESTIBULE d'entrée, on monte le superbe **escalier** dont on admire la **rampe** de fer forgé, par Gamain l'aîné (époque de Louis XV), à laquelle ont été ajoutés les chiffres dorés de Marie-Antoinette; la **lanterne**, non moins belle, est de l'époque de Louis XVI. Partout dans la maison on trouvera ainsi la superfétation des deux styles.

Antichambre (1er ÉTAGE). — Elle a conservé sa décoration Louis XV, sauf deux panneaux ultérieurs; dessus de portes, peints par Natoire, pour Louis XV et Mme de Pompadour : *La Beauté rallume le flambeau de l'Amour*; *Sommeil de Diane*; *Télémaque et Calypso* (Télémaque a les traits de Louis XV).

Grande Salle à manger. — Intéressante **décoration** de l'époque Louis XV, exécutée pour Mme Du Barry, d'après les dessins de Gabriel, et où naît déjà le style Louis XVI (sphinx néo-grecs au-dessus des portes), presque le style Empire. — Dans les panneaux, 2 **tableaux**, placés par Marie-Antoinette et faits à Vienne sur sa demande, rappelant un *Ballet dansé à Schœnbrunn* par ses frères et par elle, âgée de 10 ans. — *Guéridon* rond, en stuc (époque Louis XVI). — Sous Louis XV, une grande *table volante* et 4 petites *tables* montaient du rez-de-chaussée, toutes servies, par un mécanisme ingénieux supprimant le service indiscret des valets, à travers le plancher qui s'entr'ouvrait (on voit encore la trace de la trappe).

Petit Salon. — Il servait de 2ᵉ Salle à manger sous Louis XV; Marie-Antoinette y mit un billard. Des meubles de l'époque y sont réunis. — Portrait présumé de *Louis XVIII* (le petit Dauphin mort au Temple), copie d'un pastel de Kocharsky.

Grand Salon. — C'est la pièce principale, où Marie-Antoinette jouait du clavecin et donnait concert à ses invités. Magnifique **décoration** s c u l p t é e des boiseries (époque Louis XV; autrefois peintes en bleu vert d'eau, rehaussé d'or). — Beaux meubles au chiffre de Marie-Antoinette, rapportés à défaut de ceux qui s'y trouvaient et qui étaient couverts de soie rouge. — *Clavecin*. — *2 vases de bois pétrifié*, montés sur bronze (Vienne, 1780), ayant appartenu à Marie-Antoinette. — Belles *appliques* de cuivre ciselé et doré. — Dessus de portes peints par Pater (*la Danse*; *la Balançoire*; *Repos champêtre*; *Concert champêtre*).

Les pièces qui suivent sont entresolées et coupées en deux par un étage qui leur est superposé.

Boudoir. — Cette pièce, d'où un escalier montait sous Louis XV à l'entresol du dessus, a été remaniée pour Marie-Antoinette, par son architecte Mique

Cl. P. Gruyer.

Grand Salon du Petit Trianon.

(*boiseries* et *cheminée* de son dessin); le meuble en était de soie bleue, avec un lit de repos. C'est ici que la reine reçut le joaillier Böhmer et commença à s'expliquer avec lui lors de l'affaire du Collier (p. 78). — Sur la cheminée, *buste* de Marie-Antoinette, brisé à la Révolution.

Chambre à coucher. — Ancien *Cabinet de Louis XV*, devenu chambre de Marie-Antoinette, qui y coucha toujours seule et sans Louis XVI. — Sur la cheminée, charmante **pendule** avec les aigles d'Autriche, entre 2 *vases* aux bronzes ciselés; *table* en marqueterie, aux initiales de Louis XVI et de Marie-Antoinette; *commode* avec ciselures de Gouthière; *chaises* au chiffre de Marie-Antoinette. — Le *lit*, de l'époque Louis XVI, n'est pas celui de la reine, mais **la courte-pointe a** été brodée pour elle (on y voit son chiffre et celui du roi).

Salle de Bains. — Établie pour Marie-Antoinette ; ancienne *bibliothèque botanique* de Louis XV.

[Au 2e ÉTAGE, que l'on ne visite pas, existait sous Louis XV, au-dessus de ces dernières pièces, un entresol bas, composé d'un cabinet, d'une chambre à coucher et d'une antichambre ; la chambre servit à Mme Du Barry et à Louis XV, qui y fut couché lorsque se déclara ici sa dernière maladie (*V.* p. 91). Quelques autres pièces étaient réservées à des personnes marquantes de la suite du roi. Enfin un dédale de cabinets, sans lumière et sans air, logeaient les gens de service.]

On sort du palais par la même cour et on entre à g. (en tournant le dos au palais) dans les **Jardins.**

Ces Jardins offrent une magnifique végétation, en grande partie d'*arbres exotiques* et *rares*, dont quelques-uns, les *cèdres* notamment, proviennent du Jardin Botanique qui fut créé sous Louis XV, par Bernard de Jussieu ; la plupart des autres arbres ont été replantés en 1830. Dessinés pour Marie-Antoinette, de 1774 à 1786, sur les plans du comte de Caraman, puis de l'architecte Mique, les jardins du Petit Trianon sont ornés de charmantes constructions de marbre ou de pierre, qui mêlent leur blancheur à la verdure des massifs, et de maisons paysannes qui constituent le Hameau proprement dit.

Cl. P. Gruyer.

Temple de l'Amour.

Entrant dans les Jardins par la cour du Petit Trianon, on longe à dr. la charmille de buis qui les borde et on arrive bientôt au délicieux **Temple de l'Amour**. Situé dans une petite

L'Etang et la Maison de la Reine.

île, il est l'œuvre (1778) de Mique et du sculpteur Deschamps ; 12 colonnes corinthiennes soutiennent une coupole ronde, sous laquelle se voit *L'Amour se taillant un arc dans la massue d'Hercule*, par Bouchardon (l'original est auj. au Louvre).

Continuant la même allée, on arrive au **Hameau**, dont les constructions (toits de chaume ; murs couverts d'un crépi imitant la vieille brique) forment une sorte de village d'opéra-comique, autour d'un étang ; le peintre Hubert Robert y collabora sans doute avec Mique, du moins pour la conception générale.

On rencontre d'abord le **Moulin**, avec sa roue à palettes (l'ancienne était plus grande et pouvait moudre du grain), en bordure de l'**étang** ou **grand lac**. — Plus à dr , et à demi caché sous la feuillée, est le **Boudoir**, qui précède la grande maison centrale, ou **Maison de la Reine**. Celle-ci se développe en demi-cercle, avec arcades de bois et balcon couvert ; le corps de logis de dr. comprenait une *Salle à manger* et un *Cabinet de jeu* de tric-trac ; celui de g. était le *Billard*. Au 1er étage, divers *Cabinets* et 2 *Salons* principaux, à dr. et à g. — Derrière la maison de la Reine, une petite maison, dite le **Réchauffoir**, servait de cuisine.

On traverse, sur un petit **pont de pierre**, la rivière (nombreux poissons) qui sort de l'étang et au bord de laquelle, un peu en retrait, à dr., on aperçoit la **Maison du Colombier**, dont le colombier ou *Pigeonnier* se voit encore dans les combles ; au rez-de-chaussée était le *Poulailler*. — A g., au bord de l'étang, la charmante **Laiterie**, avec ses tables de marbre, son petit auvent, ses bustes qui en décorent les façades, est attenante à la **Tour de Marlborough**, en bois, avec soubassement de pierre (escalier extérieur ; au sommet, balcon circulaire).

Enfin on gagne, vers la dr., la **Ferme**, dont les bâtiments, qui comprenaient la *Vacherie* et les *Etables* à moutons, à chèvres et à porcs, sont reliés entre eux par un **portail** de pierre.

De nombreuses légendes se sont formées sur le Hameau du Petit Trianon, où l'on conte que Marie-Antoinette se déguisait en fermière et vivait, avec sa suite, de la vie paysanne. Rien n'est moins exact et si, vêtue d'une simple robe de mousseline blanche, elle s'amusa parfois à pétrir une motte de beurre, le plaisir était surtout de boire du lait à la laiterie, de caresser les animaux et de regarder le travail des *paysans véritables* qui étaient installés dans la ferme, prenant soin du bétail, faisant la traite des bêtes, portant le blé au moulin. Les autres maisons du Hameau étaient intérieurement meublées avec tout le confortable désirable, sièges et tentures de soie, pour que l'on pût s'y reposer à l'aise, y faire collation et y souper au besoin. Ajoutons qu'autour de ces maisons le jardin différait sensiblement de ce qu'il est aujourd'hui ; il se composait de petits clos et vergers, avec légumes et arbres fruitiers, que soignait pareillement la famille paysanne de la ferme. Le lac avait été peuplé de 2.349 carpes. qui recevaient par an pour 950 livres de pain ; un bateau servait à la promenade et à la pêche.

Contournant le lac vers la g. (au bord, plusieurs *cyprès de la Louisiane*, aux curieuses racines émergeant de l'eau), on remonte à son extrémité le petit ruisseau qui l'alimente et on gagne un second **petit lac**. — Le **Belvédère** domine celui-ci, sur une petite butte plantée de buis, dite la **montagne de l'Escargot**. C'est un pavillon octogone, dessiné par Mique et dont la dépense s'éleva à 64,990 livres ; de style néo-classique, il est entouré de

Cl. L. Hachette.

Pavillon Français.

Sphinx et sa décoration intérieure rappelle les peintures de Pompéi et d'Herculanum. Le lac manquait déjà, sous Marie-Antoinette, de courant d'eau et on l'écumait avec des filets de toile.

A dr. du Belvédère (en regardant le lac) est la **Grotte**, en roche artificielle, avec un **pont de bois** sur une ravine. C'est dans cette grotte que Marie-Antoinette passa ses dernières heures à Trianon ; elle y était assise, le 5 octobre 1789, lorsqu'un page vint lui annoncer que l'émeute avait envahi Versailles (*V.* p. 16).

[Derrière la butte du Belvédère s'étend l'intéressant **Jardin Charpentier**, ou **Jardin des Fleurs** (arbres exotiques et fleurs magnifiques), qui date de 1850 et doit son nom au jardinier qui l'a planté.]

Du Belvédère et de la Grotte, on revient vers le palais de Trianon que l'on aperçoit dans le feuillage et, en inclinant un peu vers la dr., on trouve, à demi cachée par les arbres, l'entrée du **Théâtre de Trianon** (un simple *portique à colonnes*, avec bas-relief, l'indique), élevé pour Marie-Antoinette, qui y joua la Comédie.

A l'int. (on ne visite qu'avec autorisation spéciale), les tentures de moire bleue de la salle ont été arrachées sous la Révolution, mais l'*encadrement de la scène* a conservé sa décoration sculptée et son fronton au chiffre de Marie-Antoinette ; la *Galerie* est supportée par des volutes ornées de dépouilles de lion, ironique emblème choisi pour lui par Louis XVI.

Du Théâtre on arrive au **Jardin Français** de Trianon, qui date de Louis XV, et est d'un dessin charmant, avec ses charmilles tournantes et l'intimité de ses allées. A g., on voit la vraie façade du palais du Petit Trianon, avec ses escaliers de pierre.

Vers la dr., on trouve le **Pavillon Français**, construit par Gabriel (1751) pour Louis XV et Mme de Pompadour (groupes d'enfants en bordure de la toiture ; à l'int., restauré, on voit par les fenêtres les riches colonnes dorées et la magnifique **frise du** salon central, où des animaux de basse-cour, sculptés et dorés, rappellent la petite Ménagerie qui était voisine ; *V.* p. 91).

Au delà du Pavillon Français, on se retrouverait, par le pont qui est à l'extrémité de l'allée, au Grand Trianon. On peut sortir soit de ce côté, soit en revenant à la cour d'entrée du Petit Trianon, soit plus directement par une *petite porte* qui ouvre dans le mur d'enceinte du parc (derrière les charmilles, à proximité du Pavillon Français, *V.* la carte ; dernier départ du tram à 7 h. 20).

Cl. P. Gruyer.

Le Moulin.

Rue Hoche et Eglise Notre-Dame.

LA VILLE

La ville de Versailles compte un certain nombre de monuments intéressants, soit par leur architecture, soit par leurs souvenirs historiques. — L'*Avenue de Paris*, qui s'ouvre dans l'axe du Château, coupe la ville en deux parties : la partie Sud (à dr. de l'Avenue de Paris, en tournant le dos au Château), qui comprend principalement le **Vieux Versailles** et le **Quartier Saint-Louis**, ainsi que les *gares Rive-Gauche* et *des Chantiers*; la partie Nord (à g.), qui comprend le **Quartier Notre-Dame** et la *gare Rive-Droite*. — Pour le plan, *V.* p. 10.

ITINÉRAIRE I. — Partie Sud de Versailles ou de la Rive-Gauche, Grand-Commun, Bibliothèque. Potager du Roi, Eglise Saint-Louis et Jeu de Paume. — Départ de l'itinéraire de la Cour supérieure du Château et de la statue de Louis XIV.

A dr. de la statue de Louis XIV (en tournant le dos au Château), passant la grille, on descend par une rampe à la *rue Gambetta*. — Au n° 1, à g., est le **Grand-Commun** (auj. *Hôpital Militaire*), construit par Mansart en 1682 et qui était affecté à tous les services de la « Bouche » du Roi et de la Cour, ainsi qu'à loger une foule de fonctionnaires du Château; plus de 2 000 personnes y habitaient à la veille de la Révolution. L'étage supérieur, qui défigure le monument, a été ajouté en 1826. Belle **porte** à encadrement sculpté et belle **cour** intérieure. — A dr. de la rue s'allonge l'Aile du Midi du Château, occupée auj. par la Salle du Congrès (p. 59) et ses différents services. C'est ici le *Quartier du Vieux-Versailles*, où s'élevait sous Louis XIII le petit village de « *Versailles au Val-de-Gally* », avec des auberges de rouliers, qui a donné naissance à la ville.

Continuant à suivre la rue Gambetta (à g., dans la *rue Saint-Julien*, bureau central de la *Poste-et-Télégraphe*; la poste occupe cette place depuis Louis XV), on voit à g. (n° 3) la magnifique **porte** ornementée de l'ancien **Hôtel de la Guerre** (1759), auj. *Ecole des Sous-Officiers* (dans la cour, beau **monument de Lazare Carnot**). — Au n° 5, ancien **Hôtel des Affaires étrangères**, auj. **Bibliothèque de la Ville** (de midi à 5 h.; le dimanche de midi à 4 h.; fermée du 15 août au 15 oct.). L'hôtel date de 1761; belle **porte** ornementée. Outre la *Salle de Lecture publique* (120,000 vol., parmi lesquels un certain nombre ont appartenu à Louis XIV, Louis XV, Louis XVI, Marie-Antoinette, Mme du Barry), on y voit un petit **musée** (peinture et sculpture; *moulages de Houdon*). Les anciennes **Salles des Archives** ont conservé leur magnifique décoration de l'époque de Louis XV et leurs peintures de Van Blarenberghe. — Le n° 6 de la rue (à dr.) est l'ancien *Hôtel de la Surintendance* (1670); Louvois y est mort, en 1691. — On arrive rue de l'Orangerie.

Traversant la *rue de l'Orangerie* (à dr., *route de Saint-Cyr* et Pièce d'eau des Suisses), on prend, presque en face de la rue Gambetta (un peu à g.), la *rue de La Quintinie*, qui amène à la *rue Hardy* et à l'ancien Potager du Roi.

Le **Potager du Roi**, auj. *Ecole d'Horticulture* (ouvert tous les j., de 8 h. à 11 h. et de 1 h. à 5 h.; on signe en entrant, chez le concierge; *vente de fruits et fleurs*, à des prix avantageux), occupe un espace considérable; les bâtiments furent construits par Mansart et le potager aménagé par le célèbre La Quintinie. On y voit, dans la *Cour d'entrée* (à dr., *salle de vente publique*), le buste de *P. Joigneaux*, agronome (1815-1892). Puis on passe (à g.) sur les **terrasses** du potager, avec statue de *La Quintinie* (1626-1688), par Cougny (1876), et buste de *Hardy* (1824-1891; 1er directeur de l'Ecole moderne d'Horticulture; belle vue sur l'église Saint-Louis), par Cougny et Coutan (1898). Du côté de la Pièce d'eau des Suisses, magnifique **grille**, en fer forgé, de l'époque de Louis XIV.

On continue à suivre la rue Hardy, qui amène à l'**Eglise Saint-Louis**, cathédrale, construite de 1742 à 1754, par Jacques Hardouin-Mansart de Sagonne, neveu du grand Mansart. C'est une des rares églises de *style Louis XV* que l'on possède. Elégante dans son ensemble, malgré la laideur de ses toitures à boules, elle marque, dans une époque sceptique, la déchéance complète du sentiment religieux; nulle foi n'y anime plus ses floritures architecturales.

La Nef atteint 23 m. à la voûte; on y remarque le magnifique **orgue de Clicquot** (1761), restauré en 1867 (3,000 tuyaux), et ses boiseries sculptées; à g. de la nef, joli *banc d'œuvre* du XVIIIe s. — Bas-côté dr.,

Cl. P. Gruyer.

Église Saint-Louis et Potager du Roi (Statue de La Quintinie).

3e chapelle : *Présentation de la Vierge au Temple*, par C. de Vermont (1755); 4e chapelle : **Monument du duc de Berry** (assassiné par Louvel, en 1820), par **Pradier** (1824). — Transept dr. : Tableau de l'*Adoration des Bergers* par Restout (1761). — Sacristie : **Résurrection du fils de la veuve de Naïm**, beau tableau de **Jouvenet** (1708). — Pourtour du chœur : *confessionnaux* anciens, richement sculptés : 2e chapelle : Tableau de *Saint Louis*, en culotte de satin, par Le Moyne; 3e chapelle : **Prédication de St Jean**, par Boucher (dans le style peu religieux de ses Bergeries). — Abside : *Vitraux* de Dévéria (XIXe s.). — Transept g. : *Descente de croix*, tableau par J.-B. Pierre (1761). — Bas-côté g., 1re chapelle (en descendant) : **St Pierre sur les Eaux**, par Boucher (1764; aussi peu religieux que son autre tableau).

Sur la *place*, devant l'église, **fontaine** avec inscription en vers, par Pluyette (1766); en face de l'église, **statue de l'Abbé de l'Epée** (né à Versailles, 1712-1789; célèbre éducateur des sourds-muets), élevée en 1843, par Michaut.

[A g. de l'église Saint-Louis (en sortant de l'église), derrière un pâté de maisons et par la *rue d'Anjou*, la **place du Marché Saint-Louis**, sur la *rue Royale*, a conservé ses petites maisons basses, couvertes d'ardoises (1735-1745). Sur une des petites esplanades qui sont en arrière des maisons (angle S.-E. de la place). **fontaine des Quatre-Pavés** (lourde et carrée. construite en 1766, par Pluyette, en style Louis XVI, néogrec). — A l'extrémité de la rue Royale, ancien *Couvent du Grandchamp*, construit vers 1758. auj. *Évêché*.

Au delà du Marché Saint-Louis, par la rue d'Anjou, la *rue Saint-*

Cl. P. Gruyer.

Salle du Jeu de Paume.

Médéric (1re à dr.) a conservé au n° 4, mais complètement défigurée et transformée, la maison du *Parc-aux-Cerfs* (elle devait son nom à une ancienne réserve de chasse qui occupait jadis ce quartier), où Louis XV se rendait en simple particulier, pour recevoir des maîtresses d'un jour.]

On regagne, face à l'église Saint-Louis, la rue de l'Orangerie (à son extrémité dr., **porte monumentale** de l'ancien *Hôtel des Gardes du corps du Roi*, 1731, auj. caserne de cavalerie), que l'on suit à g., jusqu'à la *rue de Satory* (1re à dr.). — La rue de Satory, par la *rue du Vieux Versailles* (1re à g.) et la *rue du Jeu de Paume* (1re à dr.), amène au Jeu de Paume.

Le **Jeu de Paume** (t. les j. de 11 h. à 5 h. en été, à 4 h. en hiver, sauf le lundi) occupe une vaste salle datant de 1686 (ce jeu était fort en honneur sous la royauté), construite à l'usage du roi et de la cour.

Histoire. — Le 20 juin 1789, les députés du Tiers, qui tenaient leurs séances privées dans la salle des Menus-Plaisirs ou des Etats Généraux (*V.* ci-dessous), et y avaient invité, le 17 juin, l'ordre du Clergé et celui de la Noblesse à se déclarer avec eux Assemblée Nationale, trouvèrent cette salle fermée par décision de Louis XVI. Ils se réunirent alors à la salle du Jeu de Paume où ils jurèrent, sous la présidence de Bailly, de « ne point se séparer qu'ils n'eussent donné une Constitution à la France ».

Visite. — La SALLE a conservé ses anciens petits carreaux et les filets qui les protégeaient contre les balles du jeu de la paume, ainsi que la *galerie couverte* pour les spectateurs. Elle a été aménagée, en 1883, en **Musée.** — Au mur du fond, tableau du **Serment du Jeu de Paume,** par **David** (la composition et les personnages ne sont pas rigoureusement exacts); copie en camaïeu de L.-O. Merson. — Au centre de la salle, **monument de Bailly** (statue par Saint-Marceaux, le Coq du sommet par Cain). — Nombreux *bustes* des principaux députés du Tiers qui prêtèrent serment (parmi ceux-ci, buste de *Guillotin.* médecin et philantrope, inventeur de la guillotine). — **Vitrines** avec pièces historiques diverses (moulage du **masque de Mirabeau** après sa mort).

La suite de la rue du Jeu de Paume, puis la *rue de Gravelle*, à dr., ramènent à l'Avenue de Sceaux et à la place d'Armes (à g.).

[Si, au lieu de tourner à g. vers la place d'Armes, on prenait à dr. l'**Avenue de Sceaux**, puis l'*Avenue Thiers* à g., on irait (en passant devant la *Gare Rive-Gauche*) au nouvel **Hôtel de Ville** de Versailles, en pierre et briques, de pseudo-style Louis XIII, élevé en 1898-1900, par Legrand. A l'int., la *Salle des Fêtes* (s'adr. au concierge; pourboire) renferme un certain nombre de tableaux anciens intéressants et de bustes. — A côté de l'hôtel de ville, *Avenue de Paris*, n° 6, jolie **porte sculptée** (xviii° s.) de la *Chefferie du Génie.* — De l'autre côté de l'Avenue de Paris, la **Préfecture**, construite sous le second Empire, est sans intérêt architectural.

Un peu au delà de l'hôtel de ville s'ouvre sur l'Avenue de Paris la *rue des Chantiers*, qui conduit à la *Gare des Chantiers* (au n° 17, une **plaque** indique l'emplacement de l'ancienne *Salle des Menus-Plaisirs*, démolie en 1800, où s'ouvrirent les Etats Généraux le 5 mai 1789.

1°. — Si l'on continuait l'**Avenue de Paris**, on trouverait après la Préfecture, au n° 3, la **Caserne de Monsieur**. ancien *hôtel de Mme du Barry*, commencé en 1772, à peine terminé en 1774, lorsque Louis XV mourut (Mme du Barry ne l'habita pas). En 1775, c'étaient les *Ecuries de Monsieur*, frère de Louis XVI et futur Louis XVIII. On remarque la **porte**, fort belle, en syle néo-grec, surmontée des *armes de Monsieur*, martelées à la Révolution. De chaque côté de la porte, des refends en creux, que l'on voit encore, éclairaient un escalier dérobé.

En poursuivant au delà, on atteindrait (n° 41 *bis*; 1 k. env.) l'ancien **Hôtel de Mme Elisabeth**, sœur de Louis XVI, de 1776, auj. *château de Montreuil.* — Plus loin encore, au n° 53, ancien **Hôtel d'Etienne Defeutre**, valet de chambre de la Dauphine, bien conservé, avec ses grilles, ses pilastres à corbeilles, son belvédère, ses statues (1780). — Enfin, aux n°s 59-61 (2 k. de la Préfecture; près du carrefour et de la grille de l'octroi), ancien **Hôtel de la Comtesse de Provence** (femme de Monsieur, comte de Provence, frère de Louis XVI et futur Louis XVIII; 1780).

2°. — En face de l'hôtel de ville s'ouvre, de l'autre côté de l'Avenue de Paris, la *place des Tribunaux* (à dr., la Préfecture ; à g., **Palais de Justice**, ancien hôtel du Grand-Veneur, construit par Mansart, auj. reconstruit et défiguré), que suit la *rue Saint-Pierre*.

Celle-ci amène à l'**Avenue de Saint-Cloud** (en la traversant et en obliquant un peu à g., on trouverait la rue Duplessis, qui conduirait à la Gare Rive-droite). — En prenant l'Avenue de Saint-Cloud vers la dr., on y trouve, au n° 73, le **Lycée Hoche**, ancien couvent des Ursulines de Marie-Leczinska (1769-1772). La chapelle, construite par Mique, en style néo-romain, est intéressante (s'adr. au concierge ; pourboire), avec son portique à colonnes et son dôme rond en calotte ; à l'int., colonnes ioniques, *bas-reliefs* de Deschamps, *peintures* de Briard et de Lagrenée le jeune). — Au delà du Lycée, l'avenue aboutit au *Carrefour de Montreuil* (à g., importante agglomération du **Grand-Montreuil**, avec l'*église Saint-Symphorien*, 1764-1770, décoration intérieure en grande partie moderne), que suit à g. l'*Avenue de Picardie* (route de Paris, par les bois de Ville-d'Avray et par Saint-Cloud).]

Cl. P. Gruyer.

Hôtel de Ville.

ITINÉRAIRE II. — **Partie Nord de Versailles ou de la Rive-Droite, Église Notre-Dame.** — Départ de l'itinéraire par le bas de la Place d'Armes, à g. (en tournant le dos au Château).

À l'intersection de la Place d'Armes et de l'*Avenue de Saint-Cloud* s'ouvre la *rue Hoche*, qui conduit au **square** et à la **statue de Hoche**, par Lemaire (1836 ; on lit sur le socle : *Hoche, né à Versailles le 24 juin 1768, soldat à 16 ans, général en chef à 25 ans, mort à 29 ans, pacificateur de la Vendée*). — La rue Hoche (au n° 17, librairie Bernard), amène *rue de la Paroisse*, où est l'église Notre-Dame.

L'**église Notre-Dame** fut construite par Mansart; Louis XIV en posa la première pierre. le 10 mars 1684. C'était la paroisse du Château et ses registres ont consigné, à côté de ceux qui concernent les autres habitants, tous les actes de baptême et de mariage de la famille royale accomplis à Versailles. Louis XV y fit sa 1re communion, le 15 août 1722. La façade en est lourde (au fronton, les *Armes de France* sculptées par Mazeline et Noël Jouvenet; au-dessus de la porte, *la Religion* et *la Charité*; de chaque côté, *l'Espérance* et *la Foi*; le gros **cadran** est de 1763). L'abside de l'église a été refaite et modifiée en 1867.

Nef : *Orgue* de 1686 et **chaire** sculptée par Caffieri, les mêmes que sous Louis XIV ; le *maître-autel* est moderne (1867); sur les piliers des bas-côtés, 12 médaillons de marbre (*Apôtres* et *Pères de l'Église*), sculptés de 1657 à 1687. — Bas-côté dr., chapelle près de la Sacristie : *St Vincent de Paul*, par Restout (1739). — Le Pourtour du chœur en rotonde, avec ses chapelles, est de 1867; on y voit *l'Assomption*, tableau de Michel Corneille, qui ornait le maître-autel sous Louis XIV. — Bas-côté g., 1re chapelle du bas : *Monument* (1860) enfermant le *cœur* de Hoche; *buste de Mansart* et plaque commémorative : *plaque* de marbre noir à la mémoire de *La Quintinie*, le créateur du Potager du Roi ; *cénotaphe* (1788-1818) du *comte de Vergennes*, ministre de Louis XVI.

La rue de la Paroisse, à g. (en sortant de l'église), ramènerait à la *rue Duplessis* (**marché** au même emplacement que sous Louis XIII), et la rue Duplessis (à g.) directement à la gare Rive-Droite.

[La rue de la Paroisse à dr. (en sortant de l'église Notre-Dame) conduit à la **rue des Réservoirs** (à g.: **théâtre**, fondé en 1777, par la Montausier; **hôtel des Réservoirs**, ancien hôtel de Mme de Pompadour, construit en 1752 et qui a conservé des salons intérieurs de cette époque) et au **Boulevard du Roi** (à dr.), planté en 1775 (à son extrémité, clocher aigu et peu heureux de l'*église Saint-Antoine-de-Padoue*, moderne).

A l'entrée du Boulevard du Roi, le long **Boulevard de la Reine** a été planté à la même époque (2 k. de long); il occupe, ainsi que le quartier avoisinant, l'emplacement de l'ancien *étang de Clagny*, qui ne fut desséché qu'au xviiie s. et qui contribuait à alimenter les eaux du Parc. Il conduit, à g., à l'hôtel Trianon-Palace et aux Trianons.

Suivant vers la dr. le Boulevard de la Reine, on y rencontre, au n° 38, la jolie façade sur jardin de l'**Hôtel de Nyert**, valet de chambre de Louis XV, auj. Hôtel Lambinet; en 1870-71, de Moltke y installa son état-major allemand. Au delà, on regagne la rue Duplessis (à l'angle de cette rue, jolie **Caisse d'épargne** moderne, en style Louis XIV), qui ramène à g. à la gare Rive-Droite (*V.* p. 106).

Si l'on continuait à suivre le Boulevard de la Reine, on passerait devant l'**Hospice Civil** (à dr.), fondé par Louis XIV, agrandi sous Louis XV et Louis XVI, achevé au xixe s. (**chapelle** à dôme rond, précédée d'un portique, terminée en 1833). Ensuite on trouverait la *rue de Provence* (1re à dr.), au n° 20 de laquelle est la *maison* qu'habita

Bismarck, du 5 oct. 1870 au 6 mars 1871 (on ne visite pas). Là furent signés l'armistice du 26 janvier 1871, la capitulation de Paris (28 janv.), les préliminaires de la paix (26 février).]

En suivant la rue Duplessis au delà de la *Gare Rive-Droite*, on trouve un **square avec statue de Jean Houdon** (né à Versailles; 1741-1828), par Tony Noël (1891).

Cl. P. Gruyer.

Chapelle du Lycée.

TABLE MÉTHODIQUE

Communications avec Paris.   3
Renseignements pratiques   5
Aspect d'ensemble, Emploi du temps, Direction générale. .   9-11
Histoire de la Ville et du Château   11
Le Château.   19
   Itinéraire I, p. 19; — *Itinéraire II*, p. 47; — *Itinéraire III*, p. 53.
Le Parc   63
   Itinéraire I, p. 64; — *Itinéraire II*, p. 72; — *Itinéraire III*,
      p. 76; — *Itinéraire des Grandes-Eaux*, p. 80.
Le Grand Trianon   83
Le Petit Trianon.   91
La Ville.   99
   Itinéraire I, p. 99; — *Itinéraire II*, p. 104.

CARTES ET PLANS

Versailles, vu à vol d'oiseau   2
Tramways de Versailles.   5
Voies d'accès de Paris à Versailles, en face de la page   8
Plan de Versailles   10
Versailles, le Parc et les Trianons, en face de la page.   18
Partie centrale du Château (1er étage).   25
Aile du Midi (1er étage).   46
Rez-de-chaussée du Château et parterres du Parc, en face de la p.   48
Aile du Nord (1er étage).   56
Attique du Nord (2e étage).   59
Attique du Midi (2e étage).   59
Le Parc, vu à vol d'oiseau   62
Plan du Parc, en face de la page.   64
Plan du Grand Trianon   82
Plan d'ensemble des Trianons, en face de la page.   84

INDEX ALPHABÉTIQUE

Château.

Antichambre de la Reine...	41
— du Roi.........	43
Appartement de Louis XV..	35
Appartement de Mme de Maintenon...........	43
Arcade du Midi.......	47
Arcade du Nord........	52
Attique du Midi et de Chimay (Portraits historiques de la Révolution, de l'Empire et du xixe s.)..........	60
Attique du Nord (Portraits historiques, xve-xviie s.)..	57
Cabinet du Conseil......	34
Cabinet des Médailles....	26
Chambre de Louis XIV....	32
— de la Reine.......	37
Chapelle..........	22
Congrès (Salle du)......	59
Cour des Cerfs........	36
Cours des Ministres, Royale, de Marbre..........	20
Escalier de Marbre.....	42
— des Princes.......	46
Galerie des Batailles.....	46
Galerie des Glaces......	28
1re Galerie de Peinture (Histoire de France)......	53
2e Galerie de Peinture (idem).	55
1re Galerie de Sculpture...	54
2e Galerie de Sculpture...	55
Opéra (Salle de l')......	52
Œil-de-Bœuf........	31
Petits Appartements de Marie-Antoinette.........	38
Salles d'Afrique, Crimée, Italie, Mexique.....	56
— des Croisades......	54
Salle des Etats Généraux..	26
Salle des Gardes (Grande)..	45
Salle des Gardes de la Reine.	41
— — du Roi...	43
Salles de la République et de l'Empire...........	60
Salles du xviiie siècle....	48
Salon de l'Abondance....	24
— d'Apollon........	27
— de Diane........	26
— de la Guerre......	28
— d'Hercule........	24
— de Mars.........	27
— de Mercure.......	27
— de la Paix.......	36
— de la Reine.......	40
— de Vénus........	26
Vestibules de la Chapelle. 21 et 22

Parc.

Allée d'Eau et des Marmousets.	69
Bassin d'Apollon........	74
— de Bacchus........	78
— de Cérès.........	73
— des Couronnes ou des Sirènes..........	68
— du Dragon........	69
— des Enfants.......	73
— de Flore.........	74
— de Latone........	65
— des Lézards.......	65
— du Miroir........	78
— de Neptune.......	70
— de Saturne.......	77
Bosquet de l'Arc-de-Triomphe.	69
— des Bains d'Apollon...	72
Bosquet de la Colonnade...	76
— des Dômes........	74
— d'Encelade.......	74
— de l'Etoile.......	72
— de l'Obélisque ou des Cent-Tuyaux......	74
— de la Reine,......	78
— de la Salle de Bal ou des Rocailles........	80
Cent-Marches (Les).....	67
Bain de Diane........	69
Cabinets des Animaux....	66
Fontaine du Point-du-Jour..	66
Fontaine de Diane......	66
Grand-Canal.........	75
Grand-Parc.........	76

Jardin du Roi 78
Ménagerie. 75
Orangerie 67
Parterres d'Eau 64
— du Midi. 66
— du Nord 68
Petit-Parc. 76

Pièce d'Eau des Suisses. . . 76
Pyramide (Fontaine de la). . 68
Quinconce du Midi. 80
Rond-Vert. 73
Salle des Marronniers 77
Tapis-Vert. 73
Terrasse du Château. 64

Trianons.

Palais du Grand Trianon. . . 83
Parc du Grand Trianon . . . 88
Musée des Voitures 89
Palais du Petit Trianon . . . 91

Parc du Petit Trianon :
Belvédère 97
Grand Lac. 96
Grotte 97

Hameau de Marie-Antoi-
nette. 96
Jardin Charpentier ou Jardin
des Fleurs. 97
Jardin Français 98
Pavillon Français 98
Petit Lac 97
Temple de l'Amour. 94
Théâtre 98

La Ville.

Avenue de Paris. 103
— de Saint-Cloud 104
— de Sceaux 103
Boulevard de la Reine. . . . 105
— du Roi 105
Caisse d'Epargne 105
Caserne de Monsieur (Hôtel
Du Barry). 103
Château de Montreuil (Hôtel
de Mme Elisabeth). . . . 103
Chefferie du Génie. 103
Ecuries (Grandes et Petites). 19
Eglise Notre-Dame. 105
— Saint-Antoine-de-Pa-
doue 105
— Saint-Louis. 100
— Saint-Symphorien. . . . 104
Evêché. 102
Grand-Commun (Hôpital mili-
taire) 99
Grand-Montreuil. 104
Hospice civil 105

Hôtel des Affaires Etrangères
(Bibliothèque) 100
Hôtel de la Comtesse de Pro-
vence 103
— Deleutre 103
— de la Guerre 100
— de Nyert. 105
Hôtel de Ville. 103
Jeu de Paume. 102
Lycée Hoche et Chapelle . . 104
Maison de Bismarck. 105
Menus-Plaisirs (Salle des). . 103
Palais de Justice. 104
Parc aux Cerfs 102
Place d'Armes. 19
Place du Marché-Saint-Louis. 102
Potager du Roi 100
Préfecture. 103
Réservoirs (rue et Hôtel des). 105
Square et Statue de Hoche. . 104
— — de Houdon . 106
Théâtre de la Montausier . . 105

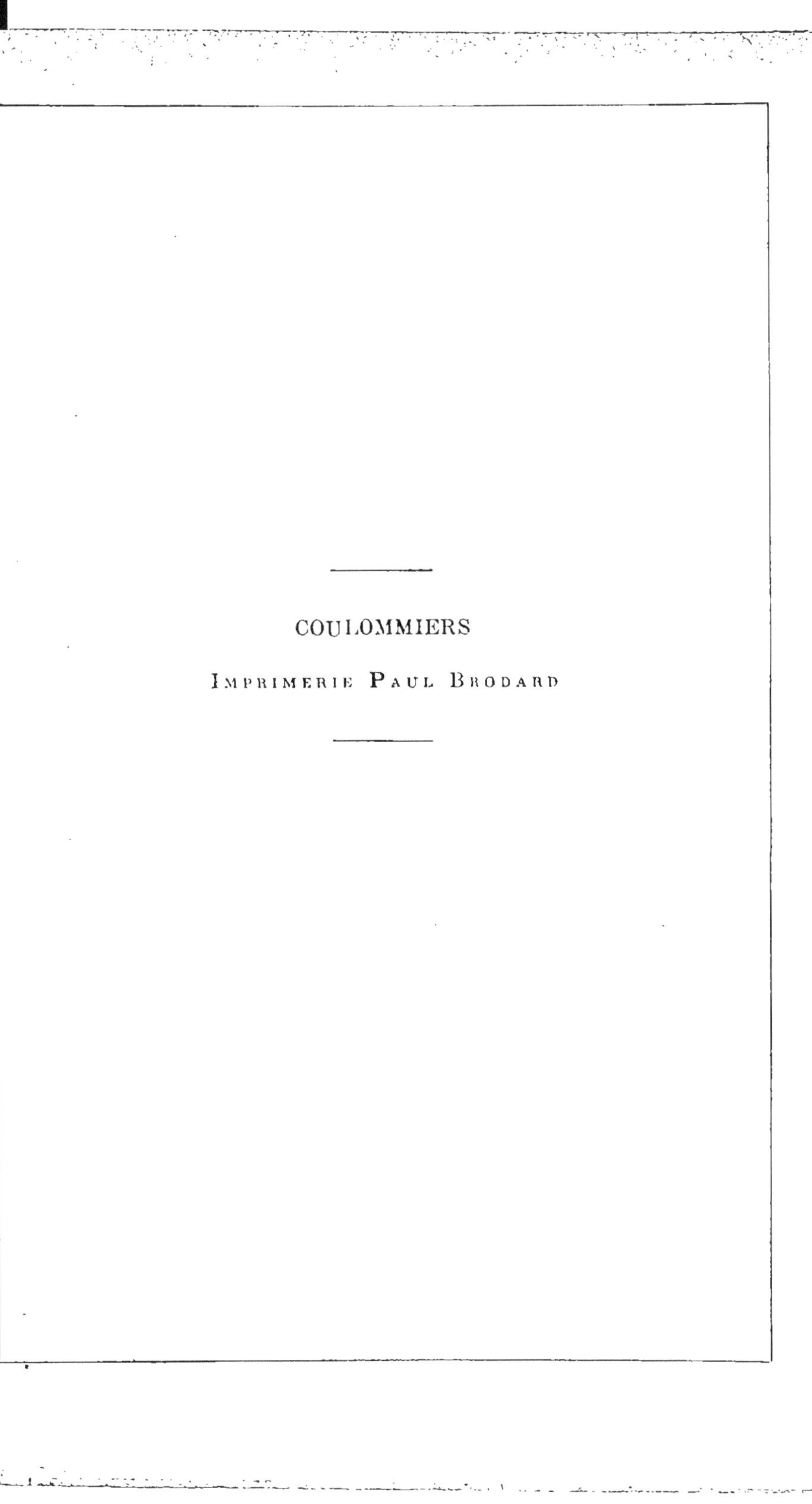

COULOMMIERS

Imprimerie Paul Brodard

PUBLICITÉ DES GUIDES JOANNE
EXERCICE 1915

**I. Adresses utiles — Sociétés financières
Journaux — Chemins de fer — Agences de voyages
Indicateurs — Compagnies maritimes**

ADRESSES UTILES

ARMURIERS

CHASSEURS

pour réussir, employez les

Hammerless GUINARD

éjecteur, chokebore, qualité
supérieure garantie.
Ne **voyagez** pas en n'importe
quel pays sans avoir un

Pistolet GUINARD

petit, léger, puissant

Automatique, toujours
prêt pour la défense. Bon
marché. *Plusieurs modèles.*

Armes coloniales spéciales

CARABINES de haute précision.
Efficacité garantie
Demander catalogue

TRADE MARK DES

Etab^ts GUINARD
et Cie
14, avenue de l'Opéra, 14

PARIS — *Téléph. Central* **16-17**

ANTISEPSIE

OZONATEUR, Breveté, S. G. D. G.

**Purificateur antiseptique de l'air
ambiant. Prix : 6 fr.60; 8 fr. 80; 9 fr.90**

OZONATINE

(Liquide destiné à l'alimentation)
Prix : le demi-litre 4 fr. 40. (Bidons de 1, 2 et 5 litres).
Se méfier des nombreuses contrefaçons et similitudes de noms.
9, Rue de la Chaussée d'Antin.
PARIS [TELEPHONE] Gutenberg 24-66

BANQUES
Comptoir National d'Escompte de Paris. (Voir p. 5.)

Crédit Lyonnais. (Voir p. 8.)

**Société Centrale des Banques
de Province.** (*Voir page bleue à
la fin du texte du volume.*)

Société Générale (Voir p. 6.)

CAOUTCHOUC DE VOYAGE
HYGIÈNE — CHIRURGIE

Maison Charbonnier

J. VECRIGNER, Succ^r

376, rue Saint-Honoré, Paris.

Caoutchouc manufacturé anglais,
français et américain. Chaussures,
américaines, bottes de marais
gommes pures.
**Comptoir général de tous articles
d'Hygiène, Médecine, Chirurgie et
Voyages.**

Réparations de tous articles.
[TELEPHONE] 41-67

* Moissac.
* Montargis.
* Montauban.
* Montbéliard.
* Mont-d-Marsan
* Montdidier.
* Monte-Carlo
* Montélimar.
* Montereau.
* Montluçon.
* Montpellier.
* Montreuil s M.
* Montrichard.
* Moret-s.-Loing.
* Morez-du-Jura
* Morlaix.
* Moulins.
* Moutiers
* Nancy.
* Nantes.
* Nantua.
* Narbonne.
* Nay.
* Nemours.
* Neufchâteau
* Nevers.
* Nice.
* Nîmes.
* Niort.
* Nogent-l-Rotrou.
* Noyon.
* Nuits-St-Georges.
* Nyons.
* Oloron-Sainte-Marie.
* Orléans.
* Orthez.
* Oyonnax.
* Pamiers.
* Paray-le-Monial.
* Parthenay.
* Pau.
* Périgueux
* Péronne.
* Perpignan.
Pertuis.

* Pézenas.
* Pithiviers.
* Poitiers.
* Pons.
* Pont-à-Mousson.
* Pont-Audemer.
Pont-de-Beauvoisin.
* Pontivy.
* Pont-l'Evêque.
* Pontoise
* Provins.
* Puy (Le).
* Quesnoy (Le).
* Quimper.
* Quimperlé.
* Rambouillet.
* Redon
* Reims.
* Remiremont.
* Rennes.
Rethel.
Revel.
* Riom
* Rive-de-Gier.
* Roanne.
* Rochefort-s-Mer.
* Rochelle (La).
* Roche-sur-Yon (La).
* Rodez.
* Romans.
* Romilly-s-Seine.
* Romorantin.
* Roubaix.
* Rouen.
* Royan.
* Ruell.
Ruffec.
* Sab-d'Olonne
* Saint-Affrique.
* Saint-Amand.
* Saint-Brieuc.
* Saint-Chamond
* Saint-Claude.

Saint-Cloud
* Saint-Dié.
* Saint-Dizier.
* Saint-Etienne.
* Saint-Flour
* Sainte-Foy-la-Grande.
* Saintes.
* Saint-Gaudens.
* Saint-Germain-en-Laye.
* Saint-Girons
* Saint - Jean - d'Angély.
* St-Jean-de-Luz.
* St-Junien.
* Saint-Lô.
Saint-Loup-s-Semouse.
* Saint-Malo.
* Saint-Nazaire.
* Saint-Omer.
* Saint-Quentin.
* Saint-Remy-de-Provence.
* Saint-Servan.
Salies-de-Béarn.
Salins-du-Jura.
* Salon.
Sancoins.
* Sarlat.
* Saumur.
* Sedan.
* Semur.
* Senlis.
Senones
* Sens.
* Sézanne.
* Sèvres.
* Soissons.
Souillac.
* Tarare.
* Tarascon.
* Tarbes.
* Terrasson.
* Thiers.

* Thizy.
* Thonon-l.-Bains
* Thouars.
* Tonneins.
* Tonnerre.
* Toul.
* Toulon.
* Toulouse.
Tourcoing.
* Tournus.
* Tours.
Tréport (Le)
* Trouville.
* Troyes.
* Tulle.
Tullins.
* Uzès.
* Valence.
* Valence-d'Agen.
* Valenciennes.
* Valognes.
* Valréas.
* Vannes.
* Vendôme.
* Verneuil-s-Avre.
* Vernon.
* Versailles.
Vervins.
* Vesoul
* Vichy.
* Vienne.
* Vierzon.
Villedieu-les-Poêles.
* Villefranche-de-Rouergue.
* Villefranche-s.-Saône.
* Villeneuve-s-Lot
* Villeneuve-s-Yonne.
* Villers-Cotterets
* Vitré.
* Volron.
* Vouziers.
* Yvetot

AGENCES EN AFRIQUE

Alger, Casablanca, Oran, Sfax, Sousse, Tanger, Tunis.

AGENCES A L'ÉTRANGER

Londres, Old Broad Street, 53 ; Bureau de West End, 65, 67, Regent Street ; et **St-Sébastien** (Espagne) 1, rue Miramar.

La Société a, en outre, **101 Succursales, Agences et Bureaux** à Paris et dans la Banlieue. **553 Bureaux auxiliaires** rattachés aux agences et des **Correspondants** sur toutes les places de France et de l'Etranger.

Correspondants en Belgique : Société Française de Banque et de Dépôts, Bruxelles, 70, rue Royale ; — Anvers, 74, place de Meir ; — Ostende, avenue Léopold.

OPÉRATIONS de la SOCIÉTÉ GÉNÉRALE :

Dépôts de fonds à intérêts en compte ou à échéance fixe. — **Ordres de Bourse** (France et Etranger) ; **Souscriptions sans frais** ; Vente aux guichets de valeurs livrées immédiatement (obligations de chemins de fer, obligations et Bons à lots, etc., **Escompte et Encaissement de coupons** français et étrangers ; **Mise en règle de titres** ; **Avances sur titres** ; Escompte et Encaissement d'effets de commerce ; **Garde de titres** ; Garantie contre le remboursement au pair et les risques de non-vérification des tirages ; **Virements et chèques sur la France et l'Etranger** ; Lettres de crédit et Billets de crédit circulaires ; **Change de monnaies étrangères** ; Assurances (vie, incendie, accidents), etc.

Service de coffres-forts et de compartiments de coffres-forts au Siège social, dans les succursales, et dans un très grand nombre d'agences de Paris et de Province, depuis **5 fr. par mois** ; tarif décroissant en proportion de la durée et de la dimension — (Demander les notices spéciales à tous les guichets de la Société.)

CRÉDIT LYONNAIS

AGENCES EN FRANCE ET EN ALGÉRIE

Abbeville.
Agen.
Aix-en-Provence.
Aix-les-Bains.
Alais.
Albi.
Alençon.
Alger (Algérie).
Ambert.
Amiens.
Angers.
Angoulème.
Annecy.
Annonay.
Antibes.
Arles.
Armentières.
Arras.
Auch.
Audincourt.
Autun.
Aurillac.
Auxerre.
Avignon.
Bar-le-Duc.
Bayonne.
Beaucaire.
Beaulieu.
Beaune.
Beauvais.
Belfort.
Belleville-sur-Saône.
Besançon.
Béziers.
Biarritz.
Blois.
Bône (Algérie).
Bordeaux.
Boulogne-sur-Mer.
Bourg.
Bourges.
Bourgoin.
Brest.
Brives.
Caen.
Cahors.
Calais-Saint-Pierre.
Cambrai.
Cannes.
Carcassonne.
Carpentras.
Castres.
Caudry.
Cavaillon.
Cette.
Châlons-sur-Marne.
Châlon-sur-Saône.
Chambéry.

Charité-sur-Loire (La).
Charleville.
Chartres.
Châteaudun.
Châtellerault.
Châtillon-sur-Seine.
Chaumont.
Chauny.
Cherbourg.
Chinon.
Cholet.
Clermont-Ferrand.
Cognac.
Compiègne.
Condé-sur-Noireau.
Constantine (Algérie).
Cosne-sur-Loire.
Creusot (Le).
Dax.
Deauville.
Decazeville.
Dieppe.
Dijon.
Dôle.
Douai.
Draguignan.
Dreux.
Dunkerque.
Elbeuf.
Epernay.
Epinal.
Evreux.
Fécamp.
Figeac.
Firminy.
Flers.
Foix.
Fourmies.
Gaillac.
Givet.
Grasse.
Gray.
Grenoble.
Guéret.
Havre (Le).
Hyères.
Issoudun.
Issoire.
Jarnac.
Jonzac.
Laon.
Laval.
La Seyne.
Lézignan.
Libourne.
Lille.
Limoges.
Lisieux.

Lons-le-Saunier.
Lorient.
Louhans.
Lourdes.
Lunel.
Lunéville.
Lure.
Mâcon.
Mans (Le).
Marmande.
Marseille.
Maubeuge.
Mazamet.
Meaux.
Menton.
Montargis.
Montauban.
Montbéliard.
Montbrison.
Mont-de-Marsan.
Montceau-les-Mines.
Monte-Carlo (Territoire français).
Montélimar.
Montluçon.
Montpellier.
Moret.
Morez.
Mostaganem.
Moulins.
Nancy.
Nantes.
Narbonne.
Nevers.
Nice.
Nîmes.
Niort.
Nogent-le-Rotrou.
Nuits-St-Georges.
Oloron-Sainte-Marie.
Oran (Algérie).
Orange.
Orléans.
Paray-le-Monial.
Pau.
Périgueux.
Perpignan.
Philippeville (Algérie).
Poitiers.
Pontarlier.
Puy (Le).
Reims.
Remiremont.
Rennes.
Rethel.
Riom.
Rive-de-Gier.
Roanne.

Rochefort-sur-Mer.
Rochelle (La).
Rodez.
Romans.
Romilly-sur-Seine.
Roubaix.
Rouen.
St-Amand-les-Eaux.
Saint-Brieuc.
Saint-Chamond.
Saint-Claude.
Saint-Dié.
Saint-Dizier.
Saint-Etienne.
Saint-Flour.
Saint-Godens.
St-Germain-en-Laye.
Saint-Mihiel.
Saint-Omer.
Saint-Quentin.
Saint-Raphaël.
Saintes.
Salon.
Saumur.
Sedan.
Sens.
Sidi-bel-Abès (Algérie).
Soissons.
Tarare.
Tarbes.
Thiers.
Thizy.
Toulon.
Toulouse.
Tourcoing.
Tournon.
Tournus.
Tours.
Trouville.
Troyes.
Tulle.
Tunis.
Uzès.
Vannes.
Valence.
Valenciennes.
Vallauris.
Verdun.
Versailles.
Vesoul.
Vichy.
Vienne (Isère).
Vierzon.
Villefranche-s-Saône.
Villeneuve-sur-Lot.
Vitry-le-François.
Voiron.
Yvetot.

AGENCES A L'ÉTRANGER

Alexandrie (Egypte).
Barcelone.
Bona.
Bruxelles. } Anspach.
Ixelles.
Caire (Le).

Constantinople.
Eyancheh-Stamboul.
Genève.
Jaffa.
Jérusalem.
Londres.

Madrid.
Moscou.
Odessa.
Port-Saïd.
Saint-Pétersbourg.
Saint-Sébastien.

Séville.
Smyrne.
Valence (Espagne.)

Le Crédit Lyonnais fait toutes les opérations d'une maison de banque : dépôts d'argent remboursables à vue et à échéance; dépôts de titres; encaissements de coupons; ordres de bourse; souscriptions; escompte de papier de commerce sur la France et l'étranger; chèques et lettres de crédit sur tout pays; prêts sur titres français et étrangers; achat et vente de monnaies, matières et billets étrangers.

Service spécial de location de COFFRES-FORTS dans des conditions présentant toute garantie contre les risques d'incendie et de vol (compartiments depuis 5 francs par mois)

TYPE B

LE FIGARO

6 ou .. pages tous les jours
12 pages tous les samedis

Le Numéro 10 centimes
DANS TOUTE LA FRANCE

Rédaction en chef :
Alfred CAPUS, Robert de FLERS

Secrétariat général :
Henri VONOVEN

INFORMATIONS

LE FIGARO est outillé de manière à fournir sur chaque événement important, en France et à l'étranger, l'information la plus rapide, la plus complète, la plus sûre. Il a, depuis sa nouvelle direction, un service spécial de dépêches de la dernière heure qui lui sont envoyées de toutes les grandes capitales.

Ouvert à tous les partis, journal indépendant, frondeur, **LE FIGARO** est devenu la tribune la plus libre et la plus retentissante.

C'est le journal le plus répandu du monde entier.

CHAQUE SEMAINE

DESSINS D'ACTUALITÉ

FORAIN, Abel FAIVRE, A. GUILLAUME, DE LOSQUES

Supplément Littéraire

AVEC

UNE PAGE DE MUSIQUE INÉDITE

TOUS LES SAMEDIS

Five o'Clock

Pendant la saison d'hiver, **LE FIGARO** donne, dans son hôtel, des concerts auxquels sont invités, à tour de rôle, ses abonnés. Les abonnés des départements et de l'étranger, de passage à Paris, reçoivent aussi des invitations sur leur demande.

PUBLICITÉ

Les services de Publicité sont installés dans l'hôtel du **FIGARO**, 26, rue Drouot, PARIS

La publicité du **FIGARO** est la plus recherchée

ABONNEMENT

	Paris et Départem	Étranger
Un an	34 fr.	70 fr.
Six mois . .	18 fr.	36 fr.
Trois mois .	9 fr.	18 fr. 50

JOURNAL des DÉBATS

Politiques et Littéraires

GRAND JOURNAL QUOTIDIEN

FONDÉ EN 1789

17, *rue des Prêtres-Saint-Germain-l'Auxerrois, Paris* (1er)

10 centimes le numéro

Principaux collaborateurs : MM. René Bazin, Paul Bourget, Francis Charmes; Paul Deschanel, député; René Doumic, Émile Faguet, Ernest Lavisse, H. de Régnier, *membres de l'Académie française.*

MM. J. Bourdeau, Émile Boutmy, Xavier Charmes, Henry Joly, Paul Leroy-Beaulieu, André Liesse, G. Maspero, Georges Perrot, H. Welschinger, *membres de l'Institut.*

MM. A. Albalat, Jacques Bardoux, Henri Bidou, Paul Bluysen, Robert de Caix, Henri Chantavoine, Jean-Charles Roux, A. Chaumeix, Émile Combe, docteur Darras, Maurice Demaison, Jules Dietz, Augustin Filon, J.-H. Franklin, H. Grenet, André Hallays, Adolphe Jullien, Raymond Kœchlin, docteur Marcel Labbé, Anatole Le Braz, Charles Legras, André Michel, Maurice Muret, Édouard Payen, Albert Petit, Arthur Raffalovich, commandant Paul Renard, E. Ripault, Édouard Sarradin, Christian Schefer, R. de Thomasson, H. de Varigny, Daniel Zolla, etc., etc.

ADRESSE TÉLÉGRAPHIQUE : **DÉBATS-PARIS**

TÉLÉPHONE : 103.00, 103.01 et 103.02

PRIX DE L'ABONNEMENT :

	TROIS MOIS	SIX MOIS	UN AN
France, Colonies et Alsace-Lorraine.	10 fr.	20 fr.	40 fr.
Union postale.	16 fr.	32 fr.	64 fr.

Les abonnements partent du 1er et du 16 de chaque mois

NOTA. — Le service du journal est fait gratuitement, pendant huit jours, sur demande affranchie adressée à l'administration du journal.

L'ECLAIR

Journal quotidien du Midi à grand format

5 cent. le Numéro

MONTPELLIER – 12, rue d'Alger, 12 – MONTPELLIER

L'ÉCLAIR, journal monarchiste fondé en **1880**, est arrivé à sa trente-quatrième année d'existence avec un succès grandissant. Il se trouve aujourd'hui un des journaux les plus répandus de la région du Midi.

UN FIL TÉLÉGRAPHIQUE SPÉCIAL relie directement l'*Éclair* à son agence à Paris, rue Feydeau, 26.

PUBLICITÉ

Annonces 4ᵉ page	» fr. 75	la ligne.
Réclame —	1 fr. 50	—
Faits divers, 3ᵉ page	3 fr. »	—
Chroniques	4 fr. »	—

L'*Éclair* publie huit éditions par jour.

Bains de Mer de l'Océan

**PLAGES DE ROYAN, LES SABLES-D'OLONNE, LA ROCHELLE,
PORNIC, SAINT-GILLES-SUR-VIE, CROIX-DE-VIE,
CHATELAILLON, FOURAS, ILES D'YEU, DE NOIRMOUTIER,
DE RE, D'OLERON, ETC...**

*Billets de Bains de Mer délivrés du jeudi précédant la Fête des
Rameaux au 31 octobre.*

A. — Billets d'aller et retour individuels de 1re, 2e et 3e classes, valables 33 jours, avec faculté de prolongation de deux fois 30 jours, moyennant un supplément de 10 0/0 pour chaque prolongation.

B. — Billets d'aller et retour individuels de 1re, 2e et 3e classes, valables 5 jours, du vendredi de chaque semaine au mardi suivant ou de l'avant-veille au surlendemain d'un jour férié.

C. — Billets d'aller et retour individuels de 2e et 3e classes, valables un jour (le dimanche ou un jour férié), délivrés par les gares situées au sud de la Loire seulement.

Billets d'aller et retour de Famille
POUR LES VACANCES

Billets de toutes classes délivrés du jeudi précédant la fête des Rameaux au 30 septembre, aux familles d'au moins trois personnes payant place entière et voyageant ensemble. Minimum de parcours 250 kilomètres (aller et retour) de ou pour Paris, et 120 kilomètres (aller et retour) de ou pour toute autre gare, autre que Paris.

CARTES D'IDENTITE, délivrées sous certaines conditions aux personnes bénéficiant du billet collectif.

Voyage circulaire au littoral de l'Océan
ENTRE BORDEAUX ET NANTES

Billets individuels et de famille délivrés du jeudi précédant la Fête des Rameaux jusqu'au 31 octobre, valables 33 jours, non compris le jour de la délivrance, avec faculté de prolongation de trois fois 20 jours, moyennant un supplément de 10 0/0 pour chaque prolongation.

ITINERAIRE. — Bordeaux, Blaye, Royan, La Grève, Le Chapus, Fouras, La Rochelle-Ville, La Rochelle-Pallice, Les Sables-d'Olonne, Saint-Gilles-Croix-de-Vie, Pornic, Paimbœuf, Nantes, Clisson, Cholet, Bressuire, Niort, Bordeaux ou inversement.

(Faculté d'arrêt aux gares intermédiaires.)

PRIX. — 1° Billets individuels : 1re cl., **60** fr.; 2e cl., **45** fr.; 3e cl. **30** fr.

2° Billets de famille : Prix ci-dessus réduits de 10 0/0 pour une famille de 3 personnes, jusqu'à 25 0/0 pour un nombre de 6 personnes ou plus.

Billets spéciaux individuels et collectifs de parcours complémentaires pour rejoindre ou quitter l'itinéraire du voyage d'excursion.

PRIX RÉDUITS

Sud-Ouest

Excursion en Touraine

Billets délivrés toute l'année, valables 15 jours (non compris le jour de la délivrance) avec faculté de prolongation de 2 fois 15 jours moyennant un supplément de 10.0/0 pour chaque prolongation.

ITINÉRAIRE. — Saumur, Montreuil-Bellay, Thouars, Loudun, Chinon, Azay-le-Rideau, Tours, Chateaurenault, Montoire-sur-le-Loir, Vendôme, Blois, Pont-de-Braye, Saumur.

(Faculté d'arrêt aux gares intermédiaires).

PRIX : 1re classe, 26 francs ; 2e classe, 20 francs ; 3e classe, 13 francs. Billets spéciaux de parcours complémentaires pour rejoindre ou quitter l'itinéraire.

Cartes d'excursion en Vendée, valables 15 jours

délivrées du jeudi précédant la fête des Rameaux au 31 octobre par les gares situées sur l'itinéraire et comportant la libre circulation sur les lignes ci-après :

RÉSEAU DE L'ÉTAT. — *De* **La Roche-sur-Yon** *à* **Fontenay-le-Comte** (*par Velluire et par Vouvant-Cezais*) *aux* **Sables-d'Olonne**, à **Saint-Gilles-Croix-de-Vie**, à **Machecoul** (*par Challans*) *et à* **Torfou-Tiffauges** (*par Clisson*).

TRAMWAYS DE LA VENDÉE. — *De* **La-Roche-sur-Yon** *aux* **Herbiers** *et à* **Legé**, *de* **Chantonnay** *à* **L'Aiguillon-Port** *et à* **Montaigu-Vendée** *et des* **Sables-d'Olonne** *à* **Champ-Saint-Père.**

PRIX : 1re classe, **34** fr. ; 2e classe, **28** fr. ; 3e classe, **18** fr.

Cartes d'excursion valables 15 jours

Pendant la période du jeudi précédant la fête des Rameaux au 31 octobre, il est délivré, par toutes les gares du réseau de l'Etat (*Lignes du Sud-Ouest*), des cartes d'excursion valables pendant 15 jours et comportant la libre circulation, savoir :

Cartes A. — Sur l'ensemble du réseau de l'Etat (*Lignes du Sud-Ouest*).

PRIX : 1re classe, **135** fr. — 2e classe. **100** fr. — 3e classe, **75** fr.

Cartes B. — Sur toutes les lignes du réseau de l'Etat situées au sud de la Loire (y compris les gares de Nantes, La Possonnière, Angers, Saumur et Port-Boulet).

PRIX : 1re classe, **100** fr. — 2e classe, **75** fr. — 3e classe, **50** fr.

Les demandes des cartes d'excursion pourront être adressées aux chefs de toutes les gares du réseau de l'Etat (*Lignes du Sud-Ouest*), ou au chef du Contrôle de ce réseau (rue de Châteaudun, n° 42, à Paris).

Billets d'excursion aux îles de Noirmoutier, d'Yeu, de Ré, d'Aix et d'Oléron

VOYAGES A
Sur les Lignes de

Bains de Mer de la Manche

Plages du Tréport, Dieppe, Saint-Valery-en-Caux, Fécamp, Etretat Le Havre, Trouville, Deauville, Houlgate, Villers-sur-Mer, Courseulles Barfleur, Cherbourg, Carteret, Granville, Saint-Malo, Dinard, Portrieux-les-Bains, Saint-Quay, Saint-Cast, Paimpol, Tréguier, Perros-Guirec Roscoff, Brest, etc., etc.

Billets d'aller et retour individuels dits de « *Bains de Mer* », délivrés du jeudi précédant la Fête des Rameaux au 31 octobre, valables selon la distance 3, 4 et 10 jours (1re et 2e classes) et 33 jours (1re, 2e et 3e classes).

Les billets de 33 jours peuvent être prolongés d'une ou deux périodes de 30 jours moyennant un supplément de 10 0/0 par période et donnent droit à un arrêt, à l'aller et au retour, à une gare au choix de l'itinéraire suivi.

Billets d'aller et retour de famille
pour les vacances

Billets de toutes classes délivrés du Jeudi précédant la Fête des Rameaux au 30 septembre aux familles d'au moins trois personnes payant place entière et voyageant ensemble. Minimum de parcours 250 kilom. (aller et retour) réduit à 120 kilom. (aller et retour) pour les stations à destination des stations balnéaires ou thermales.

CARTES D'IDENTITÉ, délivrées sous certaines conditions aux personnes bénéficiant du billet collectif.

Excursions sur les côtes de Normandie
en Bretagne et à l'Ile de Jersey

Billets circulaires valables UN MOIS, délivrés du 1er mai au 31 octobre et pouvant être prolongés d'un nouveau mois moyennant un supplément de 10 %.

(Arrêts facultatifs aux gares intermédiaires)

ONZE ITINÉRAIRES différents dont les prix varient entre 50 et 115 francs en 1re classe, entre 10 et 100 francs en 2e classe, permettent de visiter les points les plus intéressants de la Normandie, de la Bretagne, et l'Ile de Jersey.

Excursion au Mont-Saint-Michel

(Du jeudi précédant la fête des Rameaux au 31 octobre)

Billets d'aller et retour individuels, de 1re, 2e et 3e classes, valables selon la distance, de 3 à 8 jours.

Excursions sur Rouen et Le Havre

PAR CHEMIN DE FER ET BATEAU A VAPEUR

Billets d'aller et retour individuels de 1re 2e et 3e classes, délivrés de juin à fin septembre, au départ de PARIS, de ROUEN (R. D.) et du HAVRE, avec trajet en bateau dans un sens entre ROUEN et LE HAVRE.

Excursion à l'Ile de Jersey

Par Granville et Saint-Malo

Billets d'excursion de 1re, 2e et 3e classes, délivrés toute l'année au départ de : Paris, Rouen, Chartres, Le Mans, et Angers.

Par Carteret

Billets d'excursion de 1re, 2e et 3e classes, délivrés de mai à octobre, au départ de : Paris, Rouen, Le Havre, Caen, Cherbourg, Le Mans et Angers.

Voyage Circulaire en Bretagne

Billets circulaires de 1re et de 2e classes délivrés TOUTE L'ANNÉE avec billets d'aller et retour complémentaires à prix réduits, permettant de rejoindre et de quitter l'itinéraire du voyage circulaire.

ITINÉRAIRE. — Rennes, Saint-Malo-Saint-Servan, Dinard-Saint-Enogat, Dinan, Saint-Brieuc, Guingamp, Lannion, Morlaix, Roscoff, Brest, Quimper, Douarnenez, Pont l'Abbé, Concarneau, Lorient, Auray, Quiberon, Vannes, Savenay, Le Croisic, Guérande, Saint-Nazaire, Pont-Château, Redon, Rennes.

PRIX RÉDUITS
Normandie et de Bretagne

Excursions en Bretagne

Facilités accordées par cartes d'abonnement individuelles et de famille, valables pendant 33 jours.

ABONNEMENTS INDIVIDUELS

Il est délivré, du jeudi précédant la fête des Rameaux au 31 octobre, des cartes d'abonnement spéciales permettant de partir d'une gare quelconque des lignes de Normandie et de Bretagne du réseau de l'État, pour une gare au choix des lignes désignées aux alinéas ci-dessous en s'arrêtant sur le parcours; de circuler ensuite, à son gré, pendant un mois, non seulement sur ces lignes, mais aussi sur tous leurs embranchements qui conduisent à la mer, et enfin, une fois l'excursion terminée, de revenir au point de départ avec les mêmes facilités d'arrêt qu'à l'aller.

Carte valable sur la côte nord de Bretagne : 1re classe, **100 fr.**: 2e classe, **75 fr.** — Parcours : Ligne de **Granville** à **Brest** (par **Folligny, Dol** et **Lamballe**) et les embranchements de cette ligne vers la mer.

Carte valable sur la côte sud de Bretagne : 1re classe, **100 fr.**; 2e classe, **75 fr.** — Parcours : Ligne du **Croisic** et de **Guérande** à **Châteaulin** et les embranchements de cette ligne vers la mer.

Carte valable sur les côtes nord et sud de Bretagne : 1re classe, **130 fr.**; 2e classe, **95 fr.** — Parcours : Lignes de **Granville** à **Brest** (par **Folligny, Dol** et **Lamballe**) et de **Brest** au **Croisic** et à **Guérande** et les embranchements de ces lignes vers la mer.

Carte valable sur les côtes nord et sud de Bretagne et lignes intérieures situées à l'ouest de celle de **Saint-Malo** à **Redon** : 1re classe, **150 fr.**; 2e classe, **110 fr.** — Parcours : Lignes de **Granville** à **Brest** (par **Folligny, Dol** et **Lamballe**) et de **Brest** au **Croisic** et à **Guérande** et les embranchements de ces lignes vers la mer, ainsi que les lignes de **Dol** à **Redon**, de **Messac** à **Ploërmel**, de **Lamballe** à **Rennes**, de **Dinan** à **Questembert**, de **Saint-Brieuc** à **Auray**, de **Loudéac** à **Carhaix**, de **Morlaix** et de **Guingamp** à **Rosporden**.

ABONNEMENTS DE FAMILLE

Toute personne qui souscrit, en même temps que l'abonnement qui lui est propre, un ou plusieurs autres abonnements de même nature en faveur des membres de sa famille ou domestiques habitant avec elle, bénéficie, pour ces cartes supplémentaires, de réductions variant entre **10** et **50 0/0**, suivant le nombre de cartes délivrées.

Paris à Londres

Par la gare SAINT-LAZARE, *Via* DIEPPE et NEWHAVEN

Deux départs tous les jours et toute l'année, matin et soir (dimanches et fêtes compris)

VOIE LA PLUS PITTORESQUE ET LA PLUS ÉCONOMIQUE

Billets simples valables sept jours			Billets d'aller et retour valables un mois		
1re classe	2e classe	3e classe	1re classe	2e classe	3e classe
48 fr. 35	35 fr. »	23 fr. 25	82 fr. 75	58 fr. 75	41 fr. 50

Ces billets donnent le droit de s'arrêter, sans supplément de prix, à toutes les gares situées sur le parcours, ainsi qu'à Brighton

Nota. — Les trains du service de jour entre Paris et Dieppe et vice versa comportent des voitures de 1re et de 2e classes à couloir avec W.-C. et Toilette ainsi qu'un wagon-restaurant; ceux du service de nuit comportent des voitures à couloir des trois classes avec W.-C. et Toilette.

Une des voitures de 1re classe à couloir des trains de nuit comporte des compartiments à couchettes (supplément 5 francs par place). Les couchettes peuvent être retenues à l'avance aux gares de Paris et de Dieppe moyennant une surtaxe de 1 franc par couchette.

CHEMIN DE FER DU NORD

PARIS-NORD A LONDRES

Via Calais ou Boulogne

TRAJET EN 6 HEURES 30
TRAVERSÉE MARITIME EN UNE HEURE

Six services rapides dans chaque sens — Voie la plus rapide

La gare de Paris-Nord, située au centre des affaires, est le point de départ de tous les grands express européens pour l'Angleterre, la Belgique, la Hollande, le Danemark, la Suède, la Norvège, l'Allemagne, la Russie, la Chine, le Japon, l'Autriche, l'Orient, la Suisse, l'Italie, la Côte d'Azur, l'Égypte, les Indes et l'Australie.

SERVICES RAPIDES
ENTRE PARIS, LA BELGIQUE, LA HOLLANDE, L'ALLEMAGNE, LA RUSSIE, LE DANEMARK
LA SUÈDE ET LA NORVÈGE

		Trajet en
6 express dans chaque sens entre Paris et Bruxelles		3 h 50
3 — — Paris et Amsterdam		8 40
5 — — Paris et Cologne		7 40
5 — — Paris et Francfort-sur-Mein		13
4 — — Paris et Hambourg		15
5 — — Paris et Berlin		15 31
2 — — Paris et St-Pétersbourg		50
Par le Nord-express, bihebdomadaire		45
1 express dans chaque sens entre Paris et Moscou		50
Par le Nord-express, hebdomadaire		53
2 — — Paris et Copenhague		35
2 — — Paris et Stockholm		42
2 — — Paris et Christiania		45

SAISON DES BAINS DE MER
Billets à prix réduits

Pendant la saison, du jeudi précédant la fête des Rameaux au 31 octobre, *toutes les gares du Chemin de fer du Nord délivrent des billets de bains de mer de 1re, 2e et 3e classes, à destination des stations balnéaires suivantes :* BERCK (station du chemin de fer d'intérêt local), via Montreuil-sur-Mer ou via Rang-du-Fliers-Verton, BOULOGNE-VILLE ou TINTELLERIES (Le Portel), CALAIS-VILLE, CAYEUX (station du chemin de fer d'intérêt local), via Saint-Valery-sur-Somme, QUEND-FORT-MAHON, QUEND-PLAGE, FORT-MAHON-PLAGE, RANG-DU-FLIERS-VERTON (Plage de Merlimont), ROSENDAEL (Plage de Malo-les-Bains), CONCHIL-LE-TEMPLE (Fort-Mahon), DANNES-CAMIERS (plages Sainte-Cécile et Saint-Gabriel), DUNKERQUE (plages de Malo-les-Bains et Rosendael), ETAPLES, PARIS-PLAGE (station du chemin de fer électrique), via Etaples, EU (plages du Bourg-d'Ault et d'Onival), GRAVELINES (Petit-Fort-Philippe), GRYVELDE (Bray-Dunes), LE CROTOY (station du chemin de fer d'intérêt local), via Noyelles, LEFFRINCKOUCKE (MALO TERMINUS), LE TREPORT-MERS, LOON-PLAGE, MARQUISE-RINXENT (plage de Wissant), NOYELLES, SAINT-VALERY-SUR-SOMME, WIMILLE-WIMEREUX (plages de Wimereux, Andreselles et Ambleteuse), ZUYDCOOTE (Nord-Plage), PONT-DE-BRIQUES (Hardelot).

Il existe trois catégories de billets, savoir :

1° **Billets de saison** (1) de 1re, 2e et 3e classes, valables pendant 33 jours, non compris le jour de l'émission, avec facilité de prolongation pendant plusieurs périodes de 15 jours (2), sous condition d'effectuer un parcours minimum de 100 kilomètres aller et retour. Ces billets, créés pour les familles, sont nominatifs et collectifs. Il est accordé une réduction de 50 o/o à chaque membre de la famille en plus du troisième. Les billets dont il s'agit doivent être demandés au moins 4 jours à l'avance à la gare où le voyage doit être commencé;

2° **Billets hebdomadaires** et carnets d'aller et retour (1) de 1re, 2e et 3e classes. Les billets hebdomadaires sont valables pendant 5 jours, du vendredi au mardi et de l'avant-veille au surlendemain des fêtes légales. Ces billets et carnets sont individuels. Les prix varient selon la distance et présentent des réductions de 25 à 50 o/o. Les carnets contiennent 5 billets d'aller et retour et peuvent être utilisés à une date quelconque dans le délai de 33 jours, non compris le jour de distribution.

(Voir notes, page suivante).

CHEMIN DE FER DU NORD (Suite)

3° **Billets d'excursion** (1) de 2° et 3° classes, les dimanches et jours de fêtes légales, valables pendant une journée. Ces billets sont individuels ou de famille. — Les prix réduits des billets individuels sont indiqués dans le tableau ci-dessous. — Pour les *familles* (ascendants et descendants), il est accordé une nouvelle réduction sur le prix des billets individuels d'excursion, allant de 5 à 25 o/o, selon que la famille se compose de 2, 3, 4, 5 personnes et plus.

Les billets de saison et les billets hebdomadaires sont valables dans les mêmes trains et aux mêmes conditions que les billets ordinaires du service intérieur.

Les billets d'excursion ne sont valables que dans des trains spéciaux ou dans des trains du service ordinaire désignés à cet effet par la Compagnie.

4° **Cartes d'abonnement** (1) de 1re, 2° et 3° classes, valables pendant 33 jours, et comportant une réduction de 20 o/o sur le prix des abonnements ordinaires d'un mois. Ces cartes ne sont délivrées qu'à toute personne qui prend deux billets ordinaires au moins ou un billet de saison pour les membres de sa famille ou domestiques allant séjourner sous le même toit dans une station balnéaire désignée ci-dessous. Ces cartes ne sont valables que pour les points de départ et de destination sans arrêt en cours de route.

Les prix au départ de Paris, pour les trois catégories, sont les suivants :

Prix des billets (3) de saison, hebdomadaires et d'excursion

DE PARIS AUX STATIONS CI-DESSOUS	Billets de saison de famille (VALABLES PENDANT 33 JOURS) — Prix pour 2 personnes			Prix pour chaque personne en plus			BILLETS HEBDOMADAIRES Prix (**) par personne			BILLETS d'excursion Prix (*) par personne	
	1re cl.	2e cl.	3e cl.	1re cl.	2e cl.	3e cl.	1re cl.	2e cl.	3e cl.	2e cl.	3e cl.
Berck-Plage (5)	149 40	101 40	65 30	25 60	17 45	11 45	31 »	24 15	17 »	11 15	7 35
Boulogne (ville)	170 70	115 20	75 »	28 45	19 20	12 50	34 »	25 70	18 90	11 10	7 20
Calais (ville)	198 30	133 80	87 30	33 05	22 30	14 55	37 90	29 »	21 85	12 35	8 10
Cayeux	137 35	93 60	61 20	24 »	18 45	10 80	29 30	23 05	15 95	11 »	7 35
Conchil-le-Temple (Fort-Mahon)	140 40	94 80	61 80	23 40	15 80	10 30	28 80	22 50	15 75	9 75	6 35
Dannes-Camiers (5)	157 20	106 20	69 30	26 20	17 70	11 55	31 70	24 40	17 50	10 50	6 85
Dunkerque	204 90	138 30	90 30	34 15	23 05	15 05	38 85	29 95	22 60	12 50	8 20
Enghien-les-Bains	»	»	»	»	»	»	2 »	1 45	» 95	»	»
Étaples	152 40	102 90	67 20	25 40	17 15	11 20	30 90	23 05	17 »	10 35	6 75
Eu	120 90	81 60	53 10	20 15	13 60	8 85	25 40	20 10	13 70	8 85	5 75
Fort-Mahon (plage) (4)	141 30	96 60	64 20	24 15	16 70	11 30	29 50	23 35	16 65	10 80	7 75
Ghyvelde (Bray-Dunes)	213 »	143 70	93 60	35 50	23 95	15 60	39 95	31 15	23 40	12 50	8 20
Gravelines (Petit-Fort-Philippe)	204 90	138 30	90 30	34 15	23 05	15 05	38 85	29 95	22 60	12 50	8 20
Le Crotoy	131 25	89 10	58 20	22 60	15 40	10 10	27 90	21 95	15 15	10 25	6 75
Leffrinckoucke (Malo-Terminus)	209 10	141 »	92 10	34 85	23 50	15 35	39 40	30 55	23 05	12 50	8 20
Le Tréport-Mers	123 »	83 10	54 »	20 50	13 85	9 »	25 75	20 35	13 90	9 »	5 85
Loon-Plage	204 30	138 »	90 »	34 05	23 »	15 »	38 75	29 90	22 50	12 50	8 20
Marquise-Rinxent	182 10	123 »	80 10	30 35	20 50	13 35	35 50	26 80	20 05	11 75	7 70
Noyelles	126 90	85 80	55 80	21 15	14 30	9 30	26 45	20 85	14 35	9 15	5 95
Paris-Plage	156 »	105 90	70 20	26 60	18 15	12 20	32 10	24 95	18 »	11 35	7 75
Pierrefonds	66 »	44 40	29 10	11 »	7 40	4 85	15 40	11 50	7 50	»	»
Pont-de-Briques (Hardelot)	167 40	112 80	73 50	27 90	18 80	12 25	33 50	25 35	18 55	10 95	7 15
Quend-Fort-Mahon	137 70	93 »	60 60	22 95	15 50	10 10	28 30	22 15	18 45	9 60	6 25
Quend-Plage (4)	140 70	96 »	63 60	23 95	16 50	11 10	29 30	23 15	16 45	10 60	7 25
Rang-du-Fliers-Verton	145 20	98 10	63 90	24 20	16 35	10 65	29 60	23 05	16 20	10 05	6 85
Rosendaël (Plage de Malo-les-Bains)	207 60	140 10	91 50	34 60	23 35	15 25	39 20	30 35	22 90	12 50	8 20
Saint-Amand	150 90	108 »	70 50	26 65	18 »	11 75	32 20	24 65	17 75	»	»
Saint-Amand-Thermal	163 20	110 10	72 »	27 20	18 35	12 »	32 80	24 95	18 10	»	»
Saint-Valéry-sur-Somme	131 10	88 50	57 60	21 85	14 75	9 60	27 15	21 35	14 75	9 30	6 05
Serqueux (Forges-les-Eaux)	98 70	66 60	43 50	16 45	11 10	7 25	21 50	16 70	11 25	»	»
Wimille-Wimereux	174 60	117 90	76 80	29 10	19 65	12 80	34 85	26 10	19 30	11 25	7 40
Zuydcoote (Nord-Plage)	211 80	142 90	93 »	35 30	23 80	15 50	39 80	30 95	23 25	12 50	8 20

(*) Sur les prix afférents au parcours de la Compagnie du Nord, une nouvelle réduction de 5 à 25 0/0 est faite sur les billets de famille, selon que la famille est composée de 2 à 5 personnes et au delà.

(**) Des carnets individuels, contenant 5 billets hebdomadaires d'aller et retour, peuvent être utilisés à une date quelconque dans le délai de 33 jours, non compris le jour de distribution.

(1) Ces billets sont personnels et ne peuvent être vendus, sous peine de poursuites judiciaires.

(2) Cette prolongation est faite, au retour, par les soins de la gare de départ, avant l'expiration de la première période moyennant le supplément de 10 0/0 du prix total du billet.

(3) Ces prix ne comprennent pas les 0 fr. 10 de timbre pour les sommes supérieures à 10 francs.

(4) Les billets à destination de Fort-Mahon-Plage et de Quend-Plage ne sont délivrés que du 11 juin au 5 octobre, période pendant laquelle fonctionne le tramway. Avant et après cette période, la distribution et la prolongation restent limitées à Quend-Fort-Mahon.

(5) Les prix à destination de Berck-Plage et de Dannes-Camiers ne comprennent pas la surtaxe locale temporaire (0 fr. 10 par billet d'aller et retour).

TYPE B-2

CHEMINS DE FER DE L'EST

Services directs internationaux

Des trains rapides quotidiens assurent les services directs de la Compagnie de l'Est avec : la **Suisse**, *via* Belfort-Berne, ou *via* Belfort-Bâle, — l'**Italie** *via* Belfort, Berne, le Lötschberg et le Simplon et *via* Belfort, Bâle et le St-Gothard, — le **Luxembourg**, *via* Longwy, — l'**Allemagne**, *via* Pagny-sur-Moselle et Avricourt, — l'**Autriche-Hongrie** et l'**Europe Orientale**, *via* Avricourt-Strasbourg et *via* Belfort, Bâle, la Suisse et l'Arlberg.

Voyages internationaux à prix réduits, à itinéraires tracés par le voyageur

Les gares du réseau de l'Est délivrent toute l'année des livrets internationaux à coupons combinables, à prix réduits, permettant aux voyageurs d'effectuer des voyages à itinéraires facultatifs sur les chemins de fer français, sur la plupart des chemins de fer de l'Europe ainsi que sur un grand nombre de lignes maritimes.

Parcours minimum, 600 kilomètres. — Durée de la validité des livrets : 60 jours jusqu'à 3 000 kilom., 90 jours de 3 001 à 5 000 kilom. inclus, et 120 jours au-dessus de 5 000 kilom.

Voyages circulaires à itinéraires fixes à prix réduits de France en Italie

Des billets circulaires valables 60 jours, permettant de se rendre en Italie par le St-Gothard et d'en revenir par Domodossola ou Modane ou Vintimille sont délivrés toute l'année dans les gares du réseau de l'Est. Ces billets offrent de nombreuses combinaisons d'excursions sur les lignes italiennes.

Billets d'aller et retour de famille et Billets circulaires de saison, à prix réduits

I. **Billets d'aller et retour de famille.** — *a)* Pour les stations thermales situées sur le réseau de l'Est, pour Gérardmer (Vosges) et pour Givet (Vallée de la Meuse).

Délivrance des billets du 15 mai au 14 juin.

b) Pour toutes les stations du réseau de l'Est :

1° Du jeudi qui précède la fête des Rameaux au lundi de Pâques ;

2° Du 15 juin au 30 septembre ;

3° Du 15 au 31 décembre.

II. **Billets circulaires individuels ou de famille** pour excursions dans les Vosges, délivrés dans les gares du réseau de l'Est et au départ des réseaux de l'Etat, d'Orléans et du Nord, dans la période du 1er mai au 15 octobre.

Nota. — Pour tous autres renseignements, consulter le livret des Voyages circulaires, que la Compagnie de l'Est envoie gratuitement aux personnes qui en font la demande.

CHEMINS DE FER DU MIDI

Les voyageurs peuvent effectuer des voyages sur le réseau du Midi (Pyrénées, Côte d'Argent, Gorges du Tarn, Côte Vermeille) au moyen d'une des combinaisons suivantes, comportant de notables réductions sur les prix ordinaires des places :

1° Billets d'aller et retour individuels et de famille de toutes classes.

A destination des stations thermales, balnéaires et climatiques situées sur le réseau du Midi.

Durée (1) : 33 jours.

2° Billets de voyages circulaires : Paris, centre de la France, Pyrénées, Provence et Gorges du Tarn (de 1re et 2e classes)

Durée (1) : 20 jours pour les voyages intérieurs du Midi (G. V., 5) et 30 jours pour les voyages communs avec l'Orléans et le P.-L.-M. (G. V., 105). — En outre, il est délivré, sur les réseaux du Midi et d'Orléans, des billets spéciaux d'aller et retour à prix réduits, pour permettre aux voyageurs porteurs de billets de voyages circulaires de visiter des points situés en dehors du voyage circulaire, notamment Carcassonne. Le voyage circulaire Provence-Pyrénées a une durée de validité de 25 jours.

3° Billets d'aller et retour de famille pour les vacances (2)

Délivrés aux familles d'au moins 3 personnes adultes :

1° Pour les vacances de Pâques, du jeudi qui précède les Rameaux au lundi de Pâques.

Durée : 33 jours (1).

2° Pour les grandes vacances du 15 juin au 30 septembre (inclus). Durée jusqu'au 5 novembre sans prolongation.

4° Cartes d'excursions dans le centre de la France et les Pyrénées (2)

donnant droit à la libre circulation dans les zones à explorer

Ces cartes sont délivrées du 15 juin au 15 septembre, au départ de toutes les gares des réseaux du Midi et de l'Orléans.

Durée de validité : un mois avec faculté de prolongation moyennant supplément.

Il existe 5 zones d'excursions sur lesquelles le voyageur a droit à la *libre circulation.*

En outre, il est délivré du 1er décembre au 1er mars au départ des mêmes gares des cartes d'excursions donnant le droit de circuler librement pendant 15 jours dans chacune des deux zones principales des champs de neige.

Les prix varient suivant le point de départ et la zone choisie. — Des réductions allant de 10 0/0 pour la 2e personne jusqu'à 50 0/0 pour la 6e et les suivantes sont consenties à toute personne qui souscrit en même temps plusieurs cartes de même nature en faveur des membres de sa famille (2).

5° Billets spéciaux d'aller et retour, de toutes classes, pour Lourdes

Délivrés au départ de toutes les gares des réseaux de l'Etat, du Nord, de l'Ouest, de l'Est, de P.-L.-M., d'Orléans, et dans toutes les gares du Midi situées à plus de 150 kilomètres de Lourdes. — Durée de validité variable suivant la longueur du parcours : 4 à 12 jours, non compris le jour du départ. Réduction de 20 0/0 à 40 0/0 suivant la classe et la distance parcourue (3).

___

AVIS. — *Le Livret-guide officiel illustré contenant une notice descriptive du réseau, des renseignements généraux sur les différentes combinaisons de voyages et l'horaire des trains est mis en vente au prix de 0 fr. 50. A. au service commercial de la Compagnie, à Paris; B. Dans les bibliothèques des gares du réseau du Midi.*

___

(1) Faculté de prolongation moyennant supplément de 10 p. 100.
(2) Consulter pour les détails le Tarif commun G.V., nos 6 et 106.
(3) Consulter pour les détails le Tarif commun G. V., no 102.

Compagnie des Messageries Maritimes

SOCIÉTÉ ANONYME AU CAPITAL DE 45 000 000 DE FRANCS

PAQUEBOTS-POSTE FRANÇAIS

Lignes de l'Indo-Chine

Départ de Marseille, tous les 14 jours, le dimanche, pour Port-Saïd, Djibouti, Bombay, Colombo, Singapore, Saïgon, Hong-Kong, Shanghaï, Kobé et Yokohama (Correspondance à *Colombo* pour Pondichéry et Calcutta tous les 28 jours).
Départ de Marseille, tous les 28 jours, pour Port-Saïd, Suez, Djibouti, Colombo, Singapore, Saïgon, Tourane, Haïphong.

Ligne commerciale d'Extrême-Orient

Départ d'Anvers, le 1er de chaque mois, de Marseille pour Djibouti, Colombo, le Japon et Shanghaï, avec retour par Saïgon et alternativement Djibouti ou Aden.

Lignes de l'Australie, de la Nouvelle-Calédonie
et des Nouvelles-Hébrides

Pour ces lignes, se renseigner auprès des agents de la Compagnie.

Lignes de l'Océan Indien

Départ de Marseille : 1° tous les 28 jours, pour Port-Saïd, Suez, Djibouti, Mombassa, Zanzibar, Mayotte, Majunga, Nossi-Bé, Diégo-Suarez, Tamatave, la Réunion et Maurice ; 2° tous les 28 jours, pour Port-Saïd, Suez, Djibouti, Aden, Mahé (Seychelles), Diégo-Suarez, Sainte-Marie, Tamatave, la Réunion et Maurice. Correspondance à Madagascar pour les Comores, Zanzibar et l'Afrique du Sud.

Lignes de la Méditerranée et de la mer Noire

Départ de Marseille, tous les 14 jours, le vendredi : pour Alexandrie, Port-Saïd, et pour passagers seulement Beyrouth ; 2° tous les 14 jours, le jeudi, pour Naples, Le Pirée, Smyrne, Constantinople, Smyrne, Vathy (Samos) ou Rhodes, Beyrouth, Larnaca, Mersina, Alexandrette, Lattaquié, Tripoli, Beyrouth, Jaffa, Caïffa, Beyrouth; 3° tous les 14 jours, le vendredi, pour Alexandrie, Port-Saïd et pour passagers seulement Jaffa et Beyrouth.

Départ de Marseille, tous les 14 jours, le samedi; 1° pour Le Pirée, Smyrne, Dardanelles, Constantinople, Samsoun, Trébizonde et Batoum; 2° pour Patras, Salonique, Constantinople et Odessa.

(Sauf changements nécessités par les mesures sanitaires.)

BUREAUX :

PARIS, 1, rue Vignon — 14, boulevard de la Madeleine
MARSEILLE, 3, place Sadi-Carnot
LE HAVRE, 117, boul. de Strasbourg. — **LYON**, 7, place des Terreaux
BORDEAUX : chez MM. Worms et Cⁱᵉ, 7, allées de Chartres
et dans tous les ports desservis par les paquebots de la Compagnie.

LE BOULOU

EAUX BICARBONATÉES, SODIQUES, GAZEUSES. — Fournisseur des Ministères de la Guerre, de la Marine, des Colonies. — Maladies traitées avec succès par les **Eaux du Boulou**, — *Maladies de l'estomac, du foie, de l'intestin, de la vessie, le diabète, le paludisme chronique, l'anémie, les longues convalescences.* — Etablissement ouvert toute l'année. — Chapelle. — Chemin de fer.

Sources CHOUSSY et PERRIÈRE
CROIZAT et FENESTRE

SAISON DU 25 MAI AU 1ᵉʳ OCTOBRE

TROIS ÉTABLISSEMENTS COMPLETS
Casino — Grand Parc

CURE D'AIR. — *Anémie, lymphatisme, dermatoses, voies respiratoires, maladies des enfants, diabète, paludisme.*

Transportées, les Eaux de La Bourboule se conservent indéfiniment

Siège social : rue de Châteaudun, 10 *bis*. — *Téléphone central* 99.45

(Envoi de notices franco)

La Bourboule
GRAND HOTEL DES ILES BRITANNIQUES

Premier ordre, à l'angle de l'Établissement thermal. — 150 chambres et salons.— Fumoirs.— Grand jardin et salle de récréation pour les enfants.— Garage et fosse pour automobiles. — Conditions spéciales en juin et en septembre.—*English spoken.*—*Se habla español.* — Téléphone.— Ascenseur.— Eclairage électrique. — **C. DONNEAUD, Propriétaire.** — *Villa des Iles Britanniques* — *Appartements pour familles.*

La Bourboule
GRAND HOTEL DE PARIS

De tout premier ordre.— Ascenseur, Bains, Électricité, Téléphone. — **150 Chambres et Salons,** — **RESTAURANT.** — Villas, jardins, tennis, auto-garage pour 25 voitures, boxes, atelier de réparations. 25 mai — 30 septembre. **LEQUIME,** propr.

Cannes
HOTEL VICTORIA

Plein midi. — Grand jardin. — A 2 minutes de la mer. — Chambres très confortables, avec chauffage à eau chaude. — Cuisine simple et soignée. — Tramway devant la porte. Ouvert toute l'année. — Pension depuis 9 fr. par jour. — English spoken. — Man spricht deutsch.
L.-W. PILATTE, Propriétaire

Cannes
HOTEL DE FRANCE

A 10 minutes de la mer. — Ouvert du 15 octobre au 15 mai. — Plein midi. — Grand jardin. — Ascenseur. — Electricité. — Chauffage central. — Bains. — Appartements hauts et aérés. — Pension à partir de 10 fr. par jour au midi. — *Eté* : *Central Hôtel, Vittel.* — **J. OBERRANEMEIR**, Propriétaire.

Cannes
HOTEL INTERNATIONAL RICHELIEU
ET VILLA DES PHALÈNES

Boulevard Carnot, rue des Phalènes. — Ouvert toute l'année. — Plein Midi. — Grand jardin. — Abrité. — Confort moderne. — Chambres parquetées avec cabinet de toilette à eau courante. — Electricité. — Chauffage central. — Chambre et pension à partir de 8 fr. — Arrangement pour famille et séjour prolongé. — **L. FRANK**, Propr.

Cannes
HOTEL DE LYON ET NOUVEL HOTEL
Restaurant du Rostbeaf

Ouverts toute l'année. — En face de la gare. — Complètement neufs. — Installation Touring-Club. — Journée complète depuis 6 fr. 50. — Transport gratuit des bagages aller et retour. — Garçon de l'hôtel à la gare. — Téléphone. 3.11.
LOUIS CAMPERI, Propriétaire

Cannes
HOTEL-PENSION SAINT-MAURICE

Boulevard d'Alsace — *Plein midi*

Reconstruit et entièrement remis à neuf. — Chauffage à eau chaude dans toutes les chambres. — Bains. — Electricité. — Chambre noire. — Cuisine bourgeoise. — Arrangements pour familles. — Téléphone 10.45. — **J. CHARASSE**, Propriétaire.

Cannes
HOTEL-PENSION BEAU-SOLEIL

Boulevard Carnot

Maison neuve. — Plein midi. — Jardin. — Terrasses. — Confort moderne. — Chauffage central. — Bains. — Electricité. — Garage automobiles. — Téléphone 2.53. — Cuisine abondante et soignée très recommandée. — Pension à partir de 8 fr. — English spoken. **Mesdames BROCHÉRY-BARON**, Propriétaires.

Cannes
ALEXANDRA-HOTEL
BOULEVARD CARNOT

(Tramway passant devant la porte). — Plein midi. — Abrité. — Tranquillité. — Ascenseur. — Agréable jardin. — Chauffage central. — Toutes les chambres avec cabinet de toilette, eau courante chaude et froide. — Salles de bains. — Cuisine très particulièrement soignée. — Pension depuis 10 fr. — Tennis près de l'hôtel. — Automobile à la gare. — Téléphone. — *On parle toutes les langues.* — **BARRET**, Propriétaire.

Lyon
Royal-Hôtel
PLACE BELLECOUR
Ouvert en août 1912

120 Chambres et Salons — 30 Salles de Bains

Derniers perfectionnements du confort et des commodités modernes

Dans Chaque Chambre ou Appartement { Téléphone. — Pendule électrique. — Toilettes à eau courante (chaude et froide). — Distribution du courant électrique pour tous usages. — Appels silencieux (suppression des sonneries), etc.....

Chambres à 1 lit pour 1 personne dep. 5 fr.; pour 2 personnes dep. 6 fr.

Lyon
LE GRAND HOTEL
16, rue de la République.

Nouvelles améliorations en 1913. — Eau courante chaude et froide dans toutes les chambres. — 40 salles de bains. — Chambres depuis 5 francs. — Adresse télégraphique Granotel : Téléphone. **J. DUFOUR.**

Lyon
GRAND NOUVEL HOTEL
11, rue Grolée; 11, quai de l'Hôpital

Le plus tranquille, le plus confortable. — *Vue magnifique sur le Rhône.* Garage dans l'hôtel. — Adresse télégraphique : Nouvotel. — Téléphone : 2-95 et 29-95.

J. DUCHEZ, Directeur

Lyon
HOTEL D'ANGLETERRE

Place Carnot 21 et 22. *De premier ordre.* — Entièrement remis à neuf. — Chauffage central. — Electricité. — Arrangements sanitaires. — Ascenseur. — Grand garage avec fosse et atelier de réparations. — Pension depuis 9 fr. — Arrangements pour familles. — Recommandé par le T. C. F. — English spoken. — Man spricht deutsch. — Si parla italiano. — **E. VRAY, Propriétaire.**

Nice
GRAND HOTEL DE NOAILLES Meublé

Avenue de la Gare, 70 (angle Boul. Rimbaldi), *près des deux gares.*—Ouvert toute l'année.—150 chambres.—Chauffage central.—Salles de bains à chaque étage.—Electricité. — Ascenseur.— **Grand confort moderne.** — Grand hall.—Salle de correspondance. — Chambre noire. —Chambre depuis 3 fr.—Petit déjeuner.—Lunch—*Poste télégraphe dans la maison.*—Garage. Tél. 17.95.—On parle toutes les langues.—**C. PÈBRE, Nouv. Prop.**

Nice
MEYERS' PARC HOTEL SAINT BARTHÉLEMY

VILLA ARSON. — Hôtel de famille de 1ᵉʳ ordre.— Situé dans magn. parc, abrité des vents, de la poussière.— Vue splend.—Instal. sanitaire.— **Confort moderne.** —Ch. Apartem. avec salle de bains.—Ascenseur.—Tél.6.87.—Tennis.—Auto-garage.—Pension depuis 10 fr. — Arrangements pour familles. — Service d'automobiles. *En été* : **Grands Hôtels Metlliberg, Zurich (Suisse). Jos. MEYER, Propriét.**

Nice
HOTEL DE CALAIS (Meublé)
Avenue Félix-Faure et rue Chauvain

Installation hygiénique la plus parfaite et dernier confort moderne. — Lavabos à eau courante chaude et froide et chauffage central dans toutes les chambres. — Electricité. — Ascenseur.— Bains.— Chambres depuis 4 francs. — *Ouvert en* 1910 et toute l'année.— Tél.14-18.— L'été à Vichy, Hôtel-Villa Parmentier, pension de famille.
CORNIL NOILAT. Propriétaire.

Nice
HOTEL CENTRAL

37, avenue de Beaulieu (angle avenue de la gare).—Ouvert toute l'année. — Remis à neuf.—Electricité. — Ascenseur. — Bains. — Chauffage central dans toutes les chambres. —Pension depuis 7 fr. par jour.—Arrangements pour famille.—English spoken. — Man spricht deutsch. — Tél. 13-77. — **J. VIALE. Propriétaire.**

Nice
HOTEL FUNEL

8, Avenue Durante. — (Près de la gare, mais quartier très tranquille). — Séjour agréable. — Jardin au midi. — Lumière électrique. — Chauffage central. — Ascenseur. — Bains. — Billard. — *Cuisine de 1ᵉʳ ordre.* — Pension depuis 10 fr. et arrangements pour familles. — On parle les langues. — Tél. 6-50. — **J. FOSSAT, Propriétaire.**

Nice
NOUVEL HOTEL DU PARC
18 et 20, rue Alberti — (Centre de la ville)

Ouvert toute l'année. — Plein midi. — A l'abri des poussières et des vents. — Parc très agréable (6.000 mètres). — Tranquillité. — Beau mobilier. — Dernier confort. — Chauffage central à basse pression. — Ascenseur. — Bain. — Prix modérés. — Arrangement pour séjour. — Garage dans hôtel. — Tél. 10-31. — **Mᵐᵉ DUFRENE, Propʳᵉ.**

Nice
HOTEL D'EUROPE

19, rue Alberti. — Ouvert d'octobre à mai. — Au centre, près l'avenue de la Gare. — Chauffage central. — Ascenseur. — Electricité. — Pension depuis 9 fr. — Déjeuner, 3 fr.; dîner, 3 fr. 50 — Tél. 17.09. **H. MATHIS, Propriétaire.**

Nice
HOTEL GOUNOD

R. Gounod, 3. — Boulevard Victor-Hugo, ouvert toute l'année. — « *Confort et élégance d'un grand hôtel dans un cadre plus intime* ». Maison claire, aérée. — Agréable. —Parquets partout. — Chauffage Central. — Salle de bains. — Service par petites tables. —Jardin.—Tennis.—On parle toutes les langues.—Hôtel primé par la ville de Nice. —Pension depuis 10 fr.—Arrangements pour séjour; réduction novembre et décembre. — Tél. 26.20. *Adr. : Hôtel Gounod, Nice.* **Mᵉ BERTRAND, propriétaire.**

Type B-5

Type B-5*

100 KILOMÈTRES — AUTOUR DE PARIS

CARTE ROUTIÈRE *28 Coupures*

DU MINISTÈRE DE L'INTÉRIEUR au 1/100.000ᵉ

à l'usage des

TOURISTES — AUTOMOBILISTES — CYCLISTES

Chaque volume comprend :

DEUX CARTES DES ENVIRONS IMMÉDIATS DE PARIS au 1/50.000

VINGT-HUIT CARTES DES ENVIRONS DE PARIS AU 1/100.000ᵉ

Chaque région, reliée toile, format de poche, 3 fr. 50

TABLEAU D'ASSEMBLAGE

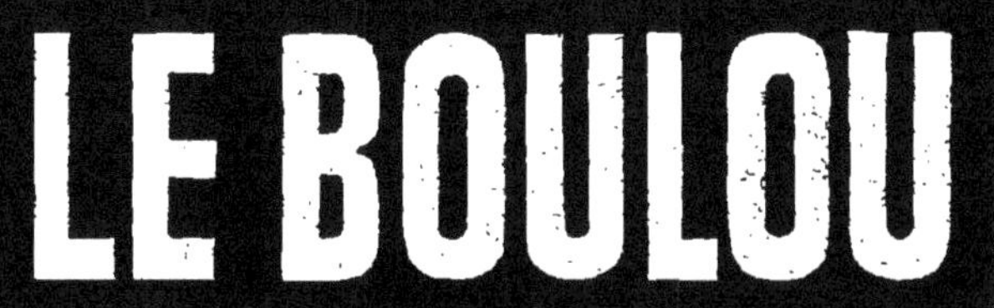

Eaux bicarbonatées, sodiques, gazeuses

Fournisseur des Ministères
de la Guerre, de la Marine, des Colonies

Maladies traitées avec succès par les EAUX DU BOULOU

Maladies de l'estomac, du foie, de l'intestin, de la vessie
le diabète, le paludisme chronique,
L'anémie, les longues convalescences

ÉTABLISSEMENT OUVERT TOUTE L'ANNÉE

Chapelle — Chemin de fer

Au bord du Lac du Bourget, en Savoie, à 8 heures de Paris.

AIX=LES=BAINS

Cure Thermale

célèbre dans le monde entier

pour la *guérison* de la *goutte* et du *rhumatisme.*

Le plus beau

Centre du Tourisme dans les Alpes

Deux Somptueux Casinos

TOUS LES SPORTS

PRIX DES HOTELS : **5 à 20 fr. PAR JOUR.**

Pour renseignements et brochures écrire :
Au Comité Municipal de Publicité à la Mairie d'Aix-les-Bains.

BIBLIOTHEQUE NATIONALE DE FRANCE
3 7531 05345003 8

9 782019 999377